God kan het mogelijk maken

een memoire van

Annelies vandenBerg-Rietveld

door haarzelf geschreven

41 | ISBN 9789464184488

www.bravenewbooks.nl/anneliesvandenberg_rietveld

God kan het mogelijk maken

Ter bemoediging aan

Annelies

Reacties

'Ik heb net je boek uitgelezen en heb er van gesmuld. Je schrijft echt boeiend.'

— *Marian Bos-Boers*

'Dank voor je boek! Heb het in een ruk uitgelezen. Je schrijft heel vlot. Je weet je veilig in God's hand. Dat geeft ook voor de toekomst hoop!'

— *Gettie Kievit-Lamens*

'Werkelijk, wat een levensverhaal. Prachtig! Voor mij is de rode draad natuurlijk het Geloof maar ook dat je geen vaste woonplaats hebt en dat je min of meer Gods Zwerver bent… die wordt uitgezonden naar waar zij nodig is. En altijd op het juiste moment aankomt.'

— *Evelien Veenendaal*

'Wat een mooi inspirerend boek heb jij geschreven. Ik vond het indrukwekkend. Wat een veelbewogen leven heb jij, en wat fijn dat God in jouw leven zo belangrijk is geworden.'

— *Lieuwien Koster*

Inhoud

Voor mijn kinderen, David, Ellen, en Michael.

Graag wil ik van harte bedanken allen die heel belangrijk zijn geweest voor het tot stand komen van dit boek: Mevrouw Van Nieuwenhuizen, Ies en Marian Bos-Boers, Jan en Ank Santman-de Kok, Margreet Meijer, en van Brave New Books, Ivo. Mijn leraar Nederlands, de heer Wim Sanderse, wil ik postuum hartelijk danken voor zijn expertise. Vooral mijn zoon Michael, die grafisch ontwerper is, heeft heel veel van zijn tijd gegeven. Hij creëerde de prachtige omslag, waarbij ik alleen iets gezegd had over een stapel stenen, èn heeft het manuscript klaargemaakt voor publicatie. Dank, heel veel dank, Michael. Ik ben zo trots op je.

1

De eerste dag in ons nieuwe land

Wij vielen eindelijk uitgeput in bed, want het was een heel lange dag geweest, mede door het tijdsverschil van zes uur. We lagen in een vreemd bed, in een vreemd huis, ook de stad kenden wij niet en zelfs het land was nieuw. Wij waren geëmigreerd. Mijn man Cees viel meteen in slaap, maar ik liet alles nog eens de revue passeren.

Het was na middernacht en buiten heel stil. Plotseling werd ik opgeschrikt door de sirene van een politieauto. O, wat kwam dat geluid mij bekend voor. Ik had het zo vaak gehoord in Nederland, aan het eind van Amerikaanse televisiefilms. Dan werd het spannend, want meestal zetten de politieauto's een achtervolging in. Dat vond ik angstaanjagend, want ik hield niet van die politiefilms, maar zat toch mee te kijken. Maar dit keer was het geen film; ik was in Amerika en werd weer bang. Waar zijn wij naartoe geëmigreerd? Is het echt een gevaarlijk land? Hoe zijn de mensen en zullen zij ons accepteren? Vanochtend waren wij nog in Nederland en na een enerverende lange dag, zaten we in Ashtabula, Ohio.

Het afscheid was meegevallen. Mijn ouders hadden zich goed gehouden, net als ik, want na acht maanden wachten, gingen we dan eindelijk het grote avontuur tegemoet. Ik denk dat mijn vader wel een traan weggepinkt heeft. Ik ben de enige dochter en een vaders kind.

Op het vliegveld van Cleveland waren wij door de nieuwe werkgever, Jim en zijn vrouw Mary, opgehaald. Het was al donker toen wij Ashtabula binnen reden, dus kon ik weinig zien van de omgeving van ons nieuwe huis. Het zou een beetje afgelegen liggen, precies naast de kassen waar mijn man zou gaan werken. Ik was reuze benieuwd naar de omgeving, maar moest wachten tot het licht werd. Ondanks alle opwinding viel ik uiteindelijk toch in slaap.

Al heel vroeg werd ik wakker en zag dat het licht was. Meteen sprong ik uit bed. Nu moest ik zien waar wij terecht waren gekomen. Ik opende de gordijnen van onze slaapkamer en zag het onverharde pad dat naar de weg liep, waar we misschien 300 meter vanaf zaten.

Ik liep daarna snel naar de woonkamer die heel groot was (vijf bij vijf meter, dat had ik later gemeten). Er waren helemaal geen gordijnen en ik liep vlug van het ene naar het andere raam. Ik kon het haast niet geloven. Er lag een enorm grasveld aan twee kanten van het huis. Ik werd reuze enthousiast; wat een lap grond lag er omheen!

De keuken was helemaal open met een eettafel aan het raam. De zon scheen er precies op. Wat een heerlijke plek om de dag te beginnen. Nu had ik drie kanten vanuit het huis gezien, nu nog de extra slaapkamer. Die had uitzicht over de kassen. We zaten namelijk op de eerste verdieping. Voor het eerst van mijn leven had ik een badkamer met een ligbad met douchekop, wat een luxe. Op de begane grond was een soort grote garage, dezelfde oppervlakte als de eerste verdieping. Vanuit de garage kon je door het stookhok naar de kassen lopen.

Als je beneden door onze voordeur kwam en de trap opliep, had je links onze tweede voordeur en rechts een heel grote serre met aan drie kanten alleen maar ramen. Het stond op palen en de ruimte eronder diende als carport. Daar stond een auto die we mochten lenen, totdat we er zelf één zouden kopen.

Mary had wat brood, kaas en melk voor ons gekocht en in de ijskast achtergelaten. We konden dus ontbijten en dat moest snel, want Cees moest meteen om half acht beginnen. Nadat hij naar de kassen gegaan was, begon ik met uitpakken. We mochten twee koffers per persoon meenemen en deze stonden nog in de slaapkamer. Ik hing alle kleding in de enorme hangkasten; de rest ging in de ladekast. Dat was dat; nog nooit zo snel verhuisd!

Ik kreeg een goed idee. In de grote zitkamer stonden een bank en een gemakkelijke stoel en dat was alles. Van twee op elkaar gestapelde koffers met een sjaal erover maakte ik een salontafel en met de twee andere koffers deed ik hetzelfde en plaatste ze als bijzettafel. Ziezo, het huis was ingericht. Er waren geen dozen uit te pakken en er was geen rommel op te ruimen. Het wachten was op de kist die met de boot zou komen; dat kon nog wel drie maanden duren.

Cees kwam thuis om te lunchen en zei, dat hij de rest van de dag vrij had om het stadje te verkennen en om geld te wisselen. Na wat zoeken vonden we het centrum en de bank die ons aanbevolen was. Iedereen was er zo vriendelijk. Het kwam ook maar zelden voor dat nieuwe emigranten in Ashtabula een rekening openden. Ons Engels was nog lang niet goed en dat vonden ze aantrekkelijk. We werden geholpen met het openen van een rekening door een man van in de veertig. Hij had ons geld op de nieuwe rekening gezet, daarna moesten wij aan de andere kant zijn. Daar was een rij loketten met elk een vrouw van rond de zestig erachter. De keurige meneer die ons geholpen had zei iets, dat ik na al die jaren nog precies weet. Hij zei: "Ga maar naar de meisjes aan de overkant, die helpen je wel verder." Wat een verschil met Nederland. Er zouden nog zoveel van die momenten volgen.

Nu moesten we ons nog laten inschrijven, dus zochten we het stadhuis. Binnengekomen zagen wij een aantal bureaus met mensen erachter die opkeken en vriendelijk vroegen wat we kwamen doen.

"Wij zijn net gisteren vanuit Holland naar Ashtabula geëmigreerd."

"Welkom, we hopen dat jullie het hier naar jullie zin zullen hebben."

"Wilt u niet weten waar wij zijn gaan wonen en wie wij zijn?" Er werd een beetje onwennig gelachen. Wij voelden ons opgelaten en probeerden met veel gestuntel te vertellen wat de gewoonte in Nederland was.

"Nee hoor, dat hoeft niet, maar we vonden het heel leuk kennis gemaakt te hebben. Veel succes toegewenst!" We dropen beschaamd af. We hadden nog veel te leren!

De volgende stop was de supermarkt. Daar kon de Albert Heijn in Wageningen wel drie keer in. De gangpaden waren heel erg lang, zodat wij veel moesten lopen om alleen het nodige te kopen. Bij de kassa rekende mijn man af, terwijl ik gauw de boodschappen inpakte. De caissière keek naar mij en vroeg aan Cees: "Wat is er met haar aan de hand?" Wat bleek nu: je pakt je eigen boodschappen niet in. En weer voelde ik mij opgelaten. Tot nu toe bleek alles anders te gaan dan in Nederland.

2

Op zoek naar bezigheden

Het was de tweede dag en terwijl ik doelloos door de bijna lege woonkamer liep, viel mijn oog op de telefoon die op de grond stond. Maar wij kenden niemand in Ashtabula, behalve de werkgever, Jim en zijn vrouw, Mary, dus met wie zou ik kunnen bellen? Ik voelde mij opeens heel eenzaam.

Onwillekeurig gingen mijn gedachten terug naar Nederland. Deze rust en stilte waren zo'n verschil met de laatste weken in Wageningen. Er was een verhuiswagen gekomen om alles op te halen dat in de kist ging. De rest moest verkocht worden, onder andere alle elektrische apparaten, want de VS heeft 110 Volt. Natuurlijk ook al onze kamerplanten en veel van het meubilair.

Op een zaterdag zouden wij een grote 'verhuis-verkoping' houden. Hoewel ik het nooit meegemaakt had, vond ik dit voor de hand liggen. Ik maakte flyers en hing ze op in de diverse grote studentenflats:

'Wegens emigratie veel huishoudelijke spullen te koop.'

Cees had nog gezegd dat mijn idee niet zou lukken.

Op de dag van de verkoping liep het storm. De flat stond helemaal vol mensen. Die vonden het geweldig om voor een habbekrats iets te vinden wat ze nodig hadden. Aangezien Cees er niet was, moest ik gauw mijn buurvrouw Hankie vragen om te helpen.

Toen Cees na een paar uur kwam, kon hij zijn ogen niet geloven. We raakten bijna alles kwijt en wat overbleef gaf ik weg. Daarna was het schoon opleveren van de flat aan de beurt. Ook nog het verkopen van mijn Renault 4. We gingen nog naar een aantal afscheidsfeestjes, terwijl wij bij Peter en Cox, studievrienden van Cees, logeerden.

Eindelijk kwam de dag van vertrek, zondag 21 maart 1976. Op 23 maart liep ik in Ohio rond met mijn ziel onder mijn arm. Ik moest iets gaan doen en ineens wist ik het. Ik wilde een naaimachine kopen, mijn eerste, en gordijnen naaien.

Er is een heel grote winkelketen in de VS die Sears heet en bekend staat om zijn betrouwbare elektrische apparaten. Daar vond ik een mooie naaimachine met zigzagsteek. Dat was onze eerste grote uitgave en nu, 44 jaar later, gebruik ik hem nog. Dit nieuwe project gaf mij veel plezier.

Die eerste week kochten wij ook een wasmachine en een droger. De verkoper bij Sears begon ons al te kennen. Binnen in Sears was een apart kantoortje, waar je verzekeringen kon afsluiten. Er werkte maar één man van in de dertig en als hij niets te doen had, maakte hij een praatje met het personeel van Sears. Zo ook die middag toen wij de wasmachine en droger kochten. Deze verzekeringsman vond het zo leuk dat wij uit Holland kwamen. We moesten beslist zijn vrouw en kinderen leren kennen.

"Waarom komen jullie niet vanavond bij ons eten. Ik bel mijn vrouw wel even op."

Dat was spannend; voor het eerst een diner bij Amerikanen thuis en we kenden hen niet eens. Maar het werd toch een gezellige avond.

De volgende dag was ik weer bij Sears. Nu om een stofzuiger te kopen. Het was leuk om bij de verzekeringsman langs te gaan en hem nog eens te bedanken voor de gezellige avond. Het was fijn om iemand al een beetje te kennen.

Op zaterdagavond namen Jim en Mary ons mee uit naar een mooi restaurant. Weer een nieuwe ervaring, wat zou ons nu te wachten staan? Om de tijd te doden en omdat Amerikanen niet graag tijd verspillen, kregen we meteen een schaaltje met een simpele salade. De serveerster kwam langs om te vragen welke slasaus ik wilde hebben. Ze ratelde meteen vijf of zes soorten af. Ik had geen idee. Toen ik begreep dat slasaus met roquefort blauwe kaas heette, was de keuze snel gemaakt. Daarna moesten we weer kiezen, rijst of 'baked potato'. Dat begreep ik meteen, dat moesten gebakken aardappels zijn en die vind ik heerlijk. Ik keek wel vreemd op toen ik mijn bord kreeg met daarop een enorme grote aardappel, nog in de schil. Mary liet zien hoe ik hem open kon snijden en er dan zure room op kon doen. Dit was wel even iets anders dan gebakken aardappels waar ik naar uitgekeken had.

Tijdens het eten vertelden Mary en Jim dat er een goede kerk vlakbij ons huis was. Misschien wilden wij daar de volgende ochtend naar toe gaan. Dit was een gevoelig punt. Cees was opgevoed in 's Gravenzande en ging met het gezin naar de Gereformeerde Kerk en ik groeide op in Voorburg in een Hervormd gezin. Wat Cees precies geloofde, daar ben ik nooit achter gekomen. We spraken er niet over.

Ik geloofde wel in God en dat Hij de hemel en de aarde had geschapen, maar ik geloofde niet dat Hij mij kende. Ik had wel tijdens mijn jeugd, bij mijzelf in bed, heel vaak gebeden om genezing van mijn huidaandoening. Ook herinner ik mij nog glashelder een gebed, dat ik bad toen ik in de zesde klas lagere school zat. Ik bedoel letterlijk, terwijl ik in de bank aan de deurkant zat. Ik keek over alle hoofden heen naar de bovenkant van het raam. Daar zag ik een prachtige blauwe lucht. Het was mei en ik snakte ernaar om te gaan tennissen. Heel vaak, tijdens de zomervakantie, als ik alle de tijd had voor tennissen, regende het. Zelfs als de zon weer scheen, bleven de banen nog lang onder water. Precies daar, in de schoolbank, bad ik een simpel kindergebed. Ik vroeg of ik in een land mocht wonen waar bijna altijd de zon scheen.

Ik geloofde in God, maar ik voelde mij niet met Hem verbonden. Er was geen persoonlijke relatie. Het was dus geen wonder dat ik, nadat ik een tijdje in Leiden op kamers zat, niet meer naar de kerk ging. Bij Cees was het ook zo gegaan.

Misschien omdat we zo afgelegen woonden, ik heb geen idee, maar we besloten deze kerk te proberen. De mensen waren erg hartelijk. Ik werd gevraagd om het gastenboek te tekenen met naam en adres. De preek was erg moeilijk te volgen en de liederen waren onbekend, maar we waren er even uit geweest en Jim en Mary hadden natuurlijk wel gelijk dat je op die manier mensen leerde kennen.

De volgende middag werd er beneden aan de deur gebeld. Ik liep de trap af en zag door de ruit een man staan. Ik herkende hem niet. Toch opende ik de deur en hij vroeg of hij binnen mocht komen. Hij had wat papieren en een boekje in zijn hand. Ik vroeg of hij iets kwam verkopen.

"O nee, echt niet!"

Ik liet hem binnen en samen liepen wij naar boven. Hij ging op de bank zitten en ik wist niet wat ik moest zeggen. Na wat geaarzel van mijn kant en gestuntel van hem, begreep ik eindelijk dat hij de dominee was, die we de dag ervoor hadden gezien. Opeens werd ik vreselijk zenuwachtig.

Ik stelde meteen voor om naar mijn man in de kassen te gaan. En zo kwam het dat we even later met Cees tussen de planten stonden. Ik had hem snel toegefluisterd dat het de dominee was. Cees wist ook niet wat hij met hem aan moest. De arme man moet het begrepen hebben, want hij was heel snel verdwenen. Vanaf dat moment gingen we niet meer naar de kerk.

3

De eerste hete zomer en de verkiezingen

Het weer in Ohio was beter dan in Nederland. We kregen meteen meer blauwe luchten en konden volop genieten van de zon. Toen wij aan het begin van de lente kwamen, had ik geen idee wat mij nog te wachten stond. Cees begon aan een grote moestuin naast een moeras, een stuk verder van ons huis. Ik werkte elke dag in de bloementuin. Als Amerikanen huizen huren, doen ze meestal niets aan de tuin. Zij begrepen echt niet, dat ik al mijn energie in die enorme lap grond stak.

In juni begon het al heet te worden en voor mij was dat niet goed. Ik had vanaf mijn geboorte een heel nare huidaandoening die met veel jeuk gepaard ging *en* ik was allergisch voor mijn eigen transpiratie vocht. Ik kocht de ene elektrische ventilator na de andere. Eén voor in de keuken, één voor in de woonkamer, en één voor in de slaapkamer en toen de kinderen geboren werden, kregen zij ook hun eigen ventilator.

Na de zomer, waarin ik veel last van de hitte gehad had, werd het eindelijk minder warm. Het was september en de tuin stond er prachtig bij, alles stond in bloei. Op een ochtend deed ik de gordijnen open en keek de tuin in. Mijn mond viel open van verbijstering. Ik kon mijn ogen niet geloven. De bloemen die gisteren nog bloeiden, waren allemaal zwart; bevroren door de eerste nachtvorst. Er bloeide niets meer, geen kleur te bekennen. Even zat ik in een enorme dip. Ik wist dat ik pas na de eerste week van juni weer planten in de tuin kon zetten, ook vanwege nachtvorst. Dat wilde dus zeggen, dat wij negen maanden met een kale tuin zouden zitten.

In oktober begon de winter met de eerste sneeuw. Soms lag er zoveel sneeuw dat ik er met de auto niet uit kon. Eén keer zaten wij drie dagen ingesneeuwd, toen ik ontdekte dat ik daar helemaal niet tegen kon. Dat heet 'cabin fever' (hut koorts).

In september hadden kennissen ons aangeraden de horren van de ramen te halen en de extra glazen ramen, die in de garage stonden, voor de ramen te schroeven.

"Maar dan kunnen we de ramen niet meer opendoen."

"Dat wil je ook helemaal niet, het is daar veel te koud voor."

Dus daar zat ik in september. Ik kon niets meer in de tuin doen en de ramen zaten potdicht. Iedereen die mij kent, weet dat ik een buitenmens ben.

Toen wij in het voorjaar van 1976 in Ohio kwamen wonen, vielen we midden in de verkiezingstijd. Ik had in Nederland niets om de politiek gegeven, maar de landelijke politiek in de VS is goed te volgen en dat deed ik graag. President Gerald Ford had President Nixon een 'pardon' gegeven, dus die viel voor mij al af en bij de Democraten was Jimmy Carter de voorloper. Ik mocht hem meteen en las alles over hem in de krant.

De verkiezingen waren op 2 november en ik zat de hele dag aan de buis gekluisterd. Dat deed ik anders nooit. Keurig naar Hollandse gewoonte ging de televisie pas 's avonds aan. Maar die dag moest ik alles volgen. Over het hele land zag ik mensen in de rij staan om te stemmen. De mannen en vrouwen die in de noordelijke staten woonden, hadden zich helemaal moeten inpakken met mutsen, dassen, wanten en laarzen. De mensen in Florida en Californië stonden in de rij in hun korte broeken en sandalen. Plotseling riep ik naar de televisie:

"DAAR wil ik wonen!"

Dat beeld liet mij niet meer los. Jimmy Carter won en werd mijn eerste President.

4

Geboorte van een zoon, een dochter en nog een zoon

De verzekeringsagent bij Sears was zo aardig om er voor te zorgen dat de Welcome Wagon Hostess bij mij op bezoek kwam. Zij bracht een hele stapel waardebonnen van verschillende winkels en informatie speciaal voor mensen die nieuw in Ashtabula waren. Ook kreeg ik een uitnodiging om lid te worden van de Welcome Wagon Club die ik graag aannam. Er werd elke maand een lunch georganiseerd en je kon je opgeven om met een groep vrouwen elke week te bowlen. Ik had dat nog nooit gedaan, maar het leek mij wel leuk. Tussen het bowlen door was er gelegenheid genoeg om te praten.

Ik begreep uit de conversaties dat het in het ziekenhuis van Ashtabula niet toegestaan was dat de vader de geboorte van zijn kind mee kon maken. Ik was daar erg verbaasd over. Dat was in Nederland toch de normaalste zaak van de wereld.

Toen ik kort daarop wist dat ik in verwachting was, stond ik voor een probleem. Ik vroeg de vrouwen van mijn bowling club of zij een ziekenhuis kenden, waar de vader bij de bevalling toegelaten werd. Zij konden mij niet helpen.

Daarna ben ik elke dag in de auto gestapt en naar steden ten westen van Ashtabula gereden. In het ziekenhuis van elke stad vertelde ik de receptioniste waar ik voor kwam. Iedere keer werd er vreemd gekeken. Het antwoord was telkens "nee". Toen ging ik naar een ziekenhuis dat een half uur ten oosten van ons vandaan lag, in Conneaut, Ohio. Ik stelde weer dezelfde vraag, maar deze receptioniste was meteen heel aardig.

"O, natuurlijk mogen de vaders erbij zijn."

Toen vroeg ik naar de naam van de gynaecoloog.

"Er zijn er drie, waarvan dr. Moon Kyung Yoon nieuw is. Zij is reuze aardig."

Toen was de beslissing meteen gemaakt. Ik koos natuurlijk voor een vrouw. Zij was zelf net uit Zuid-Korea geëmigreerd, met haar man en twee kleine kinderen. Wat een fijne dokter, ik voelde mij meteen bij haar op mijn gemak.

Na de eerste lange winter en onze tweede lente werd David geboren. Het was een lange moeilijke bevalling geweest en daarbij kwam nog dat David 4480 gram woog. Na drie dagen kwamen wij thuis en vanaf dat moment was niets meer hetzelfde. Ik had vaak op baby's gepast, maar dit was anders. Wij hadden ineens de verantwoordelijkheid voor een baby die helemaal afhankelijk van ons was. Mijn ouders waren overgekomen, maar na twee weken gingen zij weer terug. Het moederschap was nog zo nieuw. Het zou fijn geweest zijn als ik een vriendin met meer ervaring had leren kennen. Ondanks dat ik lid was geworden van de Welcome Wagon Club, had ik nog geen echte vriendin gevonden.

Wij genoten zo van David dat ik een tweede kind wilde. Vijf maanden later was ik weer in verwachting.

Ik wilde graag David aan familie en vrienden in Nederland laten zien en dit was mogelijk toen hij zeven maanden was. We hebben met z'n tweeën in één maand heel wat afgereisd. Dat ik al in verwachting van Ellen was, was geen belemmering.

Terug in Ashtabula besloten wij om een huis in de stad te kopen. In een straat met prachtige grote bomen stond een huis dat in een felle blauwe kleur geverfd was. Het had drie verdiepingen en de buitenkant bestond uit houten planken, dus je moet je een heel blauw huis voorstellen. Ik vond de kleur vreselijk lelijk; toch kochten wij het. Als ik aan mensen moest uitleggen waar wij woonden, hoefde ik alleen te zeggen dat het het blauwe huis aan de East 46th Street was. Iedereen wist waar ons huis stond. Nadat wij verhuisd waren, werd in augustus Ellen geboren. Deze bevalling verliep vlot en ze was een makkelijke baby die veel sliep, (daar houdt ze nog steeds van). Het was zo goed weer een baby in mijn armen te houden.

Nu woonden wij in een straat met buren en niet meer zo eenzaam. Toen David zeventien maanden was en Ellen drie maanden, kwam Rosemary met haar man en drie kinderen naast ons wonen. Haar kinderen zaten al op school en omdat ik vastzat, nodigde ik Rosemary uit om 's ochtends koffie te komen drinken. Dit werd een vaste gewoonte. Ze liet zichzelf door de zijdeur binnen en liep dan meteen door naar de keuken. Ze hield erg van koffie en sinds ik toch meestal bezig was met het verschonen of voeden van één van de kinderen, zette zij het zelf. Ik was niet gewend dat iemand in mijn keuken bezig was, maar het wende snel. We hebben heel wat uren in de eetkamer, die in een speelkamer veranderd was, gezeten en gekletst. Voor mij was dat erg belangrijk, want dat gaf mij de gelegenheid mijn Engels te verbeteren én wij werden goede vriendinnen. Zij wist natuurlijk meer van het Amerikaanse leven en kon mij veel vertellen. Ook over de politiek hadden wij hele discussies, maar nooit over het geloof. Rosemary was grootgebracht in de Rooms Katholieke Kerk, maar dat was een onderwerp waar we nooit over spraken.

Toen Ellen drie maanden was, ontdekte ik tot mijn schrik dat er van schoonmaken niet veel terecht was gekomen. Nogal duidelijk; ik kon het niet aan. Ik wilde graag een werkster zoeken en om dat te betalen, paste ik op een paar kinderen van kennissen. Het werd toen wel wat drukker in de speelkamer, maar de twee jonge vrouwen, Tammy en Debbie, maakten zo goed schoon, dat het voor mijn emotionele rust erg belangrijk was.

Ik begrijp niet waarom ik na twee kinderen het nodig vond om hen te laten dopen. Was het misschien een traditie die voortgezet moest worden? Ik zocht een kerk en vroeg aan de dominee of onze kinderen gedoopt konden worden. Dat kon en op Moederdag 1979 werden zij allebei gedoopt. Toen Michael het jaar daarop in april ons gezin verrijkte, werd ook hij daar op Moederdag gedoopt.

5

Californië?

Na vier lange jaren in Ohio (ik kon beslist niet meer tegen de hitte), solliciteerde Cees, die plantenveredelaar is, bij een andere firma die ook kamerplanten veredelde. Zij hadden hun hoofdkantoor in Barberton, Ohio. Er werd gebeld naar aanleiding van zijn sollicitatiebrief en of Cees zo snel mogelijk voor een gesprek naar Salinas, Californië kon komen. Hoorde ik dat goed, Californië? Deze firma had meerdere locaties en de plantenveredeling werd in Salinas gedaan. Ik kon mijn geluk niet op. Maar... er waren een paar mensen hier die in Californië geweest waren en mij vertelden dat het daar gevaarlijk was. Met een beetje flinke aardbeving zou de helft van Californië de zee in storten. Ook was elke middelbare scholier aan de verdovende middelen, was de lucht erg vervuild en de wegen overvol.

Cees kwam terug met een aanbod om daar te gaan werken. Ik wilde eerst de omgeving zien. Op uitnodiging van het bedrijf vlogen Cees, Michael, die twee maanden was, en ik naar Salinas, waar wij vijf nachten in een hotel logeerden.

We verlieten een heet en vochtig Ashtabula en landden op het vliegveld van Monterey. Toen ik bovenaan de trap uit het vliegtuig stapte en de heerlijke frisse lucht van de Stille Oceaan inademde, was ik al overgehaald. Daarna reden we in dertig minuten naar Salinas en het eerste wat mij opviel waren de palmbomen. Die hebben mij al vanaf 1973 gefascineerd. Toen bezocht ik vrienden die uitgezonden waren naar Irak.

Na de eerste dag was ik nog steeds ervoor om daar te gaan wonen. De huizen, in een staat die populair is, zijn erg duur. Toen de makelaar hoorde hoeveel wij voor ons huis in Ohio betaald hadden, zei hij tegen mij:

"Mevrouw, daar kun je hier nog geen garage voor kopen."

Na vijf dagen kwamen wij helemaal enthousiast terug. Het wordt in Salinas bijna nooit heet en de winters zijn heel zacht.

Half september namen wij afscheid van iedereen en in het bijzonder van Rosemary; ik zou haar zeker missen. Wij reisden in een stationcar en trokken een vouwwagen. David was net drie jaar geworden, Ellen net twee en Michael zes maanden.

Na een lange reis (ongeveer 4800 km), die voor mij niet makkelijk geweest was, kwamen we begin november in Salinas aan. Ik had, met spijt, tijdens de reis ontdekt dat Cees en ik helemaal niet bij elkaar pasten. We waren zes weken lang dag en nacht samen geweest, maar er was geen emotionele band tussen ons.

Cees begon meteen aan zijn nieuwe baan, terwijl wij op een camping stonden totdat we in ons gehuurde huis konden. Er is hier geen wachtlijst en er wordt je niets toegezegd. Je kijkt gewoon in de krant onder 'huizen te huur'.

Het was maar voor twee weken, maar wel twee weken teveel voor mij. Het is kamperen en het blijft behelpen. Zeker met een baby en nog één in luiers.

Na vier jaar begonnen we weer in een stad waar we niemand kenden. Nadat de verhuiswagen alle dozen afgeleverd had, begon het uitpakken met drie kleine kinderen om mij heen. Je kunt je de chaos wel voorstellen. Het grote nadeel van emigreren is, dat je geen familie hebt om op te steunen. Voor elk uur dat ik een oppas nodig had, moest ik betalen. Na een hele week thuis vastgezeten te hebben, móést ik op zaterdagochtend er even uit. Cees paste op de kinderen en ik nam de auto en ging op verkenning uit. Ik parkeerde aan het begin van de winkelstraat en liep te genieten van het heerlijke weer. Ik was twee zijstraten gepasseerd, toen ik ineens liep waar ik me helemaal niet prettig voelde. Er hingen een heleboel dakloze mensen tegen dichtgetimmerde winkels aan. Ik stak snel over, maar daar was het net zo erg. Vlug liep ik terug in de richting van de auto.

Om even op adem te komen schoot ik een boekwinkel binnen. Tenminste, ik dacht dat het een gewone boekwinkel was. Ik keek rond en tot mijn schrik zag ik allemaal vergrote bumperstickers aan de muur hangen, met leuzen erop waar ik benauwd van werd.

'Met God is alles mogelijk'

'De Here Jezus houdt van jou'.

Ik wist niet hoe snel ik weer uit die winkel moest komen. Het verbaasde mij eigenlijk dat ik er zo heftig op gereageerd had.

Een week later vroeg mijn overbuurvrouw of ik langs kwam om kennis te maken. Ze vertelde dat zij uit Arizona kwam, een staat met

een woestijnklimaat. Toen ik zei dat ik zo blij was dat ik in Californië woonde, zei ze, dat het voor haar niet heet genoeg was. Ze wilde heel graag terug naar Arizona, maar dat was ‘up to the Lord’, zoiets als ‘de beslissing lag aan de Here’.
Ik weet nog heel goed dat, terwijl ik de weg overstak, dacht:

‘Dat is gek, als je wilt verhuizen dan verhuis je toch.’

6

Grote beslissingen

Zoals ik al eerder vertelde, was ons huwelijk niet goed. Ik voelde mij emotioneel erg eenzaam. Ook was er geen respect en begrip voor wat ik de hele dag met onze drie kinderen deed. Omdat we ons huis in Ashtabula, Ohio, nog niet verkocht hadden, waren een hypotheek én een huishuur teveel voor ons. We moesten ontzettend zuinig zijn en daarom gebruikte ik de afwasmachine niet. De routine was, dat ik na het koken en het eten van de avondmaaltijd, de drie kinderen klaar maakte voor bed en hen instopte. Ik geloof niet dat ik de energie had om nog een verhaaltje voor te lezen. Als ik dan terugkwam in de keuken, stond een hele afwas op mij te wachten. Ik had er dan weinig zin in. We hadden een groot huis met een voorkamer en een familiekamer. Cees zat altijd voor de televisie in de familiekamer en ik trok mij terug in de voorkamer waar mijn bureau stond met mijn naaimachine erop. Ik ging dan door met het maken van kinderkleding, waar ik overdag natuurlijk niet aan toekwam.

Maar de volgende ochtend, na het ontbijt, stond daar natuurlijk nog een afwas van de vorige avond te wachten. Terwijl ik de afwas deed werd ik steeds bozer. Ik gebruikte de kwast steeds krachtiger op de borden. Door het raam boven de gootsteen kon ik de mooie blauwe lucht zien, maar ik kon er niet van genieten. Terwijl ik zo het ene na het andere bord schoonmaakte en mij steeds ellendiger ging voelen, hoorde ik duidelijk in mijn hoofd het woord 'scheiding'. Ik stopte, was helemaal stil en keek naar buiten. In mijn verbeelding zag ik heel veel zwarte wolken en een opening waar ik een stuk blauw kon zien. Een sterk gevoel van ontsnapping, door dat gat in die wolken, kwam over mij. Er was een mogelijkheid om een ander leven te leiden. Maar hoe?

Ik was weer als Welcome Wagon Hostess gaan werken. (Dit werk was ik begonnen te doen tijdens ons laatste jaar in Ohio.) Het was eigenlijk wel komisch, want ik was zelf nieuw in de stad. Ik moest snel allerlei wetenswaardigheden van de stad leren kennen, om het aan de nieuwe mensen te vertellen.

Scheiden was nog niet mogelijk. De kinderen zaten niet op school, waardoor het moeilijk was fulltime te gaan werken? Maar er zou een uitweg komen en dat was voor mij al een enorme opluchting. Zo leefden wij een jaar lang min of meer gescheiden in hetzelfde huis. Ik had geen goede vriendinnen in deze stad en kon mijn hart niet luchten. Uiteindelijk vertelde ik het aan mijn broer Boudewijn.

Diezelfde zomer konden wij in Wageningen op het huis van Ies en Marian passen. Een paar dagen nadat David op 8 juni zijn vijfde verjaardag had gevierd, ging ik met de kinderen naar Nederland en zou pas eind augustus terugkomen. Wat het weer betreft, was het een prachtige zomer. Mijn kinderen speelden met de kinderen in de buurt op een veilig pleintje met hun gehuurde fietsjes.

Aan het pleintje woonden John en Ineke van Tongeren. Toen John hoorde dat ik de nummers van 'De draad van Ariadne' van Elly en Rikkert Zuiderveld zo mooi vond, nam hij ze voor mij op een cassette bandje op. Maar op de achterkant had hij ook nog iets opgenomen. Het waren de liedjes van hun plaat 'Al je haren zijn geteld'. Dat waren Christelijke liedjes, want John was namelijk zes jaar eerder tot het Christelijke geloof gekomen. Maar ik kon daar beslist niet tegen. Steeds als ik naar kant A had geluisterd, moest ik het weer terugspoelen.

Voor mij was deze zomer niet gemakkelijk. Het is sowieso moeilijk om met kleine kinderen in een huis van een ander te logeren. Daar kwam nog bij dat ik wist dat ik ging scheiden, maar het aan bijna niemand wilde vertellen. Ik voelde dat ik tekortgeschoten was. Wel besprak ik de scheiding met mijn moeder en mijn broer. Zij wilden me wel financieel steunen, zodat ik thuisgekomen het proces op gang kon zetten. Ik zag geen andere uitweg. Ik had nog huwelijksbemiddeling voorgesteld, maar Cees had dat afgewezen.

In Salinas zocht ik een advocaat die mij kon helpen. Aangezien wij geen bezit hadden (het huis in Ohio was verkocht), was het een eenvoudige scheiding.

7

In het ziekenhuis

Aan de zwangerschap van Michael had ik een breuk overgehouden, die precies boven mijn navel zat. Dat moest met een operatie verholpen worden, maar ik had het steeds uitgesteld. Het was beter om het binnenkort te laten doen, omdat ik nu nog in de ziektekostenverzekering van Cees zat. Want na mijn scheiding zou dit voor mij heel duur worden.

Op 30 december 1982 werd ik door Cees en de kinderen naar Natividad ziekenhuis gebracht. Hij had vrij genomen en zou op hen passen. Het afscheid was niet makkelijk. Daar zat ik dan, moederziel alleen in het ziekenhuis. Ik kende heel weinig mensen, dus bezoek zou ik niet krijgen. Ik zat op mijn bed en voelde me erg eenzaam. Er was geen televisie en een iPhone was er jammer genoeg nog niet.

Ik deelde de kamer met iemand, maar het gordijn tussen de bedden was dicht. Terwijl ik op mijn bed zat, kwam een oudere vrouw binnen die aan een infuus was. Ze werd begeleid door twee verpleegkundigen die met haar achter het gordijn verdwenen. Ik kon horen dat ze in bed gelegd werd.

Een paar uur later kwam een oudere heer binnen, knikte vriendelijk naar mij en verdween achter het gordijn. Hij begon met haar te fluisteren en meteen schoot ik rechtop. Dat was Hollands wat ik hoorde. Ik interrumpeerde hen met de woorden: "Ik kom ook uit Holland", waarop het gordijn snel opengetrokken werd en de man opstond.

"Ik ben Henk Offereins en dit is mijn vrouw Rita."

Uren hebben we met z'n drieën gepraat en toen Henk naar huis ging, hebben Rita en ik bijna de hele nacht in het donker liggen kletsen. Zij kon ook niet slapen. Rita vroeg of wij naar de kerk gingen.

"Nee, heel vroeger wel, maar nu niet meer."

"Maar... wil je misschien met ons mee?"

"Nee, dank je, echt liever niet."

Het was een tijdje stil.

"Eh... ik zing in het kerkkoor, wil je mij niet één keer horen zin-

gen?"
De kerk hoefde voor mij niet, maar ik houd van muziek. Ik beloofde dat ik één keer naar haar koor zou komen luisteren. Salinas telde toen 90.000 inwoners en had twee grote ziekenhuizen. Wat een 'toeval' dat twee Hollanders dezelfde kamer deelden. Na dertien jaar in Salinas gewoond te hebben, was het inwoner aantal gegroeid tot 140.000 en naast Henk en Rita woonde er nog één Nederlands echtpaar.

Cees had een flat gevonden en op de zaterdag na Michaels derde verjaardag verhuisde hij. Meteen de volgende dag gingen de kinderen en ik naar de kerk van Henk en Rita. Rita was na drie maanden eindelijk sterk genoeg om weer met het koor mee te zingen. Er was een kindernevendienst, zodat ik rustig naast Henk kon zitten. Rita zat bij het koor en allen hadden van die mooie, lange gewaden aan. De dienst was heel anders en niet te vergelijken met wat ik bij de Hervormde Kerk in Voorburg had meegemaakt. Er werd voor iemand die een prachtige solo had gezongen geapplaudisseerd, er werd gelachen om een paar anekdotes tijdens de preek, kortom alles was anders, veel vrolijker.

En toch gebeurde er iets aan het eind van de dienst dat ik niet verklaren kon. Er kwam een heel sterk gevoel van 'eindelijk ben je thuis' over mij. Ik was daar erg verbaasd over; het voelde zo goed.

Aan het eind van de dienst zei Henk: "We zijn erg blij dat je gekomen bent."

"Ik ook en we komen de volgende zondag weer."

De kinderen hadden het prima naar hun zin gehad, dus vanaf die dag kwamen wij elke zondag. In de orde van de dienst had ik gezien dat er twee diensten waren en tijdens deze diensten waren er ook zondagsschool klassen voor kinderen en volwassenen. Dat leek mij wel wat. Ik koos een klas voor jonge mensen. Ik ging naar de eerste dienst en daarna was er koffie en thee in de gymzaal. Daar kwamen honderden mensen samen, het was net één grote staande receptie. In het begin stond ik er wat verloren bij, maar geleidelijk aan leerde ik mensen kennen. Na de koffie begon de zondagsschool. De kinderen werden van negen tot twaalf bezig gehouden. Voor mij werd de zondag het hoogtepunt van de week.

Ik leerde een hele groep jonge mensen kennen en soms deden we op zaterdag ook iets met elkaar, zoals bijvoorbeeld het maken van een fietstocht. Mijn gedachten gingen terug naar mijn eigen zondagsschooltijd. Ik begon als vierjarige in een lokaal van de Groen van Prinsterer School, mijn lagere school in Voorburg. Na een jaar verhuisde de zondagsschool naar een heel groot huis dat de Hervormde Kerk gekocht had. Het stond op de hoek van het Westeinde en de Laan van Middenburg en werd 'Het Kruispunt' genoemd. Mijn ouders zetten mij af op weg naar de Grote Kerk in het dorp. Ik vond het er fijn en toen ik veertien was, werd ik zelfs juf. Ik kwam dus alleen in de kerk als er geen zondagsschool was. Naderhand gingen we altijd met de zondagsschool leiding bij iemand thuis koffiedrinken. Vaak was dat bij de familie Den Dulk die er tegenover woonde en zes jongens had. Het was mevrouw Den Dulk nooit teveel.

In Salinas, bij mijn kerk, ging het anders. Daar moesten de kinderen vanaf de eerste klas met hun ouders in de kerk zitten en als de ouders dan naar hun eigen zondagsschool klas gingen, hadden de kinderen hun eigen klas.

Toen het september was en de scholen weer begonnen, zaten David en ik gezellig samen in de kerk. Het jaar daarna kwam Ellen aan de andere kant van mij zitten. Ze zaten heel stil en knus tegen mij aan. Een jaar later kwam Michael er ook bij zitten.

8

Een ander huis, maar hoe moet dat?

Het voordeel van het huren van een huis in de VS is dat je vrij bent in je keuze. Het nadeel is dat je niet betaalt naar inkomen (dus duur) en dat, als de eigenaar het wil verkopen, je eruit moet.

Eén jaar nadat Cees apart was gaan wonen, hoorde ik van de eigenaar dat hij het huis wilde verkopen. Grote paniek! Ik wist dat ik geen ander huis kon huren, want daarvoor verdiende ik te weinig. De alimentatie telt niet mee, omdat het nooit zeker is of de ex-man blijft betalen. Hetzelfde gold voor het geld dat uit Nederland kwam. Ik probeerde het wel, maar ik wist dat twee ouders met een inkomen meer kans maakten. Ik kon misschien een flat huren, maar die stonden allemaal in buurten waar ik beslist niet wilde wonen. Ik stond dus met mijn rug tegen de muur en ik werd vreselijk bang. Ik lag er nachten wakker van. Ik zag eerst helemaal geen oplossing.

Toen kreeg ik een idee. De prijzen van de huizen in Salinas gingen elk jaar gestaag omhoog. Ik dacht: 'als mijn moeder en broer een huis zouden kopen als belegging, dan zou ik het van hen kunnen huren'. Mijn broer was het er eerst niet mee eens. Hij vond het te riskant.

Ik stond nog steeds met mijn rug tegen de muur en begon te pleiten. Ik ben vergeten hoeveel druk ik op hem zette, maar later hoorde ik dat ik goed had doorgedramd.

Uiteindelijk ging hij akkoord. Ik zou alvast naar koophuizen zoeken en hij zou met zijn zoons komen en er een vakantie van maken, tenminste als Boudewijn jr. en Frank voor hun VWO en HAVO zouden slagen.

Bij de scheiding was overeengekomen dat Cees de kinderen op zaterdag van 9.00 tot 19.00 uur zou hebben. Dit was voor mij een heerlijke onderbreking van de zorg.

Ongeveer een maand voordat mijn broer en mijn neven zouden komen, organiseerden twee vrouwen van de kerk een vrouwendag op een zaterdag in de gymzaal van mijn kerk. Ik had er niet veel zin in, omdat ik het jammer vond om mijn zaterdag op te geven. Deze dag gebruikte ik om mensen voor de Welcome Wagon te bezoeken. Daarbij kwam ook nog dat het vijftien dollar (dertien euro) kostte. Uiteindelijk gaf ik mij toch op.

Het was een bijzondere dag, want ik had zoiets nog nooit meegemaakt. Er waren vrouwen die hun verhaal vertelden. Hoe ze tot geloof waren gekomen en wat de Here Jezus nu voor hen betekenden. Ik vond het interessant, maar toch ook erg vreemd. Aan het einde van de dag kregen wij allemaal een papier waarop een bijbelvers stond. Er was ruimte om iets zelf te schrijven en we kregen er ook een envelop bij die wij aan onszelf moesten adresseren. De opdracht was dat wij een probleem, dat wij zelf niet konden oplossen, zouden opschrijven. Ik wist meteen wat mijn probleem was. Ik durfde niet ineens te beginnen met het bidden bij de maaltijden. Ik was er natuurlijk wel mee opgegroeid, maar de kinderen niet. Alle enveloppen werden verzameld en er was één vrouw die er een gebed over uitsprak. Achteraf was ik toch blij dat ik gekomen was.

Via Henk en Rita Offereins (mijn kamergenote in het ziekenhuis), ging ik op bezoek bij een makelaar, die mij zijn boek liet zien met huizen die te koop stonden. Ik vertelde hem welke school ik voor de kinderen uitgezocht had. Ik zag dat er een huis, met een lage prijs, dicht in de buurt van de school stond. Helaas was er een dikke rode streep door getrokken. Ik wilde graag weten wat er verkeerd aan was.

"Alles."

"Toch wil ik het graag zien."

De zon is nog steeds heel belangrijk voor mij. Misschien omdat ik opgroeide in Nederland waar het weer vaak niet prettig was. Dus de zon is belangrijk en daarom gebeurde er dit:

De makelaar opende de voordeur van dit heel verwaarloosde huis. Voordat ik de binnenkant wilde zien, liep ik meteen door de zijdeur de achtertuin in. Daar zag ik dat de tuin op het zuiden lag en dat de zon door de slaapkamer ramen, maar ook door het woonkamer raam zou schijnen.

Daar was ik erg blij mee. De binnenkant moest nodig opgeknapt worden en dat had ik er wel voor over. Ik voelde dat ik niet om een duurder huis kon vragen.

Mijn broer en zijn zoons kwamen in juni en bekeken het huis. Zij geloofden, denk ik, dat ik het wel kon opknappen. In ieder geval werd de vraag niet gesteld en er werd niet gesproken over wat er allemaal aan gedaan moest worden. Jaren later, toen ik nog steeds aan het klussen was, kwam het idee in mij op dat als mijn vader nog geleefd had en het huis gezien had, had hij gezegd:

"Nee, hier gaat mijn alleenstaande dochter, met drie kleine kinderen, niet wonen."

We konden het dus een stuk goedkoper krijgen. De overdracht ging snel, omdat het zonder hypotheek gekocht werd.

Mijn broer en zijn zoons maakten een prachtige reis en toen ze terugkwamen hielpen ze met de verhuizing. Ik huurde het voor een schappelijke prijs en kon er net zo lang wonen als ik wilde. Het was een prima oplossing en rustgevend voor mij. Nu maar hopen dat het op lange termijn in waarde zou stijgen.

In het begin van de zomervakantie haalde ik een dikke bruine envelop uit mijn postbusje. Er kwam een boek uit met de titel: 'God can make it happen' (God kan het mogelijk maken). Oei, een christelijk boek. In de brief stond dat het boekje een cadeau was van de twee vrouwen die de vrouwendag bij de kerk hadden georganiseerd en dat zij het naar alle vrouwen die gekomen waren gestuurd hadden. Ik had nog nooit een Christelijk boek gelezen, was er eigenlijk een beetje bang voor en zette het vlug in de boekenkast.

Een paar maanden later, toen de kinderen eindelijk weer naar school gingen, haalde ik mijn hele boekenkast leeg om de boeken af te stoffen. Heel gek, want dat had ik nog nooit gedaan. Daar tussen al die boeken vond ik het boekje 'God kan het mogelijk maken'. Het gekke was dat het mij nu niet meer bedreigde. Want terwijl de helft van de boeken nog op de grond lag, begon ik het al te lezen. Het boeide mij meteen, want de schrijver, Russ Johnston, vertelde over verschillende mensen en wat het geloof voor hen betekende en hoe zij totaal op God vertrouwden. Maar er waren ook punten in het boek waarbij ik dacht: 'dat gaat mij te ver, dat vind ik raar.' Toen ik het uit had, vond ik het fijn dat ik het gekregen had, maar het had mij niet veranderd. Tenminste, dat dacht ik.

9

Mijn keerpunt!

Heel trouw gingen wij elke zondag naar de kerk en ik ging nog steeds naar dezelfde zondagsschool klas. In september kondigde de leider aan dat er Bijbelstudie (Bijbelkring) groepen gevormd werden. Deze groepen zouden dan gedurende de week thuis samenkomen bij mensen die hun huis beschikbaar stelden. Er zou een lijst langs gaan waar jij jouw naam op kon zetten. Ik had mijn beslissing snel genomen. Daar moest ik niets van hebben. Alleen het woord al stond mij tegen. Toen de lijst langs kwam, zag ik dat er twee kolommen waren. Tenminste, dat is wat ik zag. Eén voor de Bijbelkring groep en één voor een steungroep.

Een steungroep had ik natuurlijk nodig, want zonder familie om je heen was het niet makkelijk om drie kinderen op te voeden. Dus zette ik mijn naam en telefoonnummer op de lijst voor de steungroep. Ik zette er ook bij, dat ik mijn huis beschikbaar stelde, zodat ik geen babysitter nodig had.

De volgende avond rinkelde mijn telefoon.

"Annelies, met Tom Hussar van de zondagsschool. De Bijbelkring begint aanstaande woensdagavond om zeven uur bij jou thuis."

"Bijbelkring?! Ik had mij voor een steungroep opgegeven!"

"Ja, maar dit is ook een soort steungroep hoor."

Wat kon ik zeggen? Tom vertelde dat er negen mensen zouden komen. Ik werd er een beetje zenuwachtig van. Toch vond ik het wel een leuk idee voor hen om bij ons op bezoek te komen. We kenden nog zo weinig mensen.

Op woensdagavond, begin oktober, kwamen negen mensen prompt om zeven uur binnen. We waren met twee echtparen en zes singles en iedereen was rond de dertig. Ik was bijna zevenendertig en was de enige met kinderen. De eerste avond werd besteed aan het elkaar leren kennen. Ook bespraken wij (eigenlijk zij, want ik zei niets) welk boek van de Bijbel we gingen bestuderen. Ik geloof dat het de brief aan de Romeinen of de brief aan de Galaten werd. Van iedereen werd verwacht het studieboekje te kopen en het eerste hoofdstuk door te nemen. Ik vond het allemaal doodeng. Ik kocht het studieboekje en elke dag las ik iets uit mijn Nederlandse Bijbeltje in de ouderwetse taal en moest ik vragen beantwoorden. Ik deed het zo goed mogelijk, maar het was niet makkelijk. Ik deed niet mee aan de discussies die gehouden werden naar aanleiding van de vragen. Wat ik wel fijn vond waren de gebeden aan het eind van de avond. Tom, die de leiding had, vroeg eerst of er nog verzoeken waren voor bepaalde gebeden. Dit was compleet nieuw voor mij. Er waren verzoeken voor gezondheid voor iemand die ziek was, problemen op het werk, familieproblemen enz. Toen zei Tom dat hij als laatste zou bidden en dat iedereen die wilde bidden, dat kon doen. Ik zat er vreselijk onwennig tussen en luisterde alleen maar.

Nadat iedereen naar huis was, voelde ik me wel goed. Ik hoorde bij deze groep en dat gaf mij een heel fijn gevoel. Nu, na al die jaren zijn Tom en zijn vrouw Doris nog steeds goede vrienden van mij. Je kunt ze mijn Amerikaanse familie noemen.

Een paar weken later ging ik halsoverkop naar Nederland. Mijn moeder moest in een verpleeghuis worden opgenomen en mijn broer Boudewijn wilde dat ik een week zou komen. Hij zou de vliegtickets betalen. Cees wilde wel in mijn huis op de kinderen passen. Doordat ik nogal veel moest regelen, onder andere naschoolse opvang en het netjes achterlaten van het huis, kon ik al met al twee weken niet werken. Omdat ik voor mijzelf werk, was er dus geen inkomen. Nadat ik weer terug was, kon ik dat financieel wel merken. Na mijn scheiding leefde ik van de ene looncheque naar de andere; er was nooit geld over, dus kon ik niet sparen.

Dit was niet de eerste keer dat ik in geldnood zat. Het was wel vaker gebeurd en dan leende ik van de spaarrekeningen van mijn kinderen en stortte dat later terug. Er was dus geen geld voor maaltijden (ik had geen voorraadkast) en het duurde nog een week voordat ik betaald zou worden. Ik wilde dus weer van mijn kinderen lenen, maar ineens kwam de titel van het boekje 'God kan het mogelijk maken' heel sterk in mijn gedachten. Er stonden zoveel voorbeelden in over mensen die zo vertrouwden op Gods hulp, dat ze Hem er al voor bedankten vóórdat het gebed verhoord was.

Het was woensdag, dus die avond zouden de mensen van mijn Bijbelkring weer komen. Maar één ding stond vast, ik wilde beslist niet vertellen dat ik in geldnood zat. Dus toen er om verzoeken voor gebeden werd gevraagd, zei ik niets. Nu was het wel eens even stil nadat iemand klaar was met bidden en voordat iemand anders begon. Toen het even stil was, bad ik in stilte precies zoals de mensen dat in het boekje hadden gedaan.

'Here, U weet dat ik geen geld heb en dat het nog een week duurt voordat ik betaald word. Ik weet dat U kunt helpen en ik bedank U er al voor. Amen.'

Ik was zo verbouwereerd! Ik had een gebed gebeden dat ik nog nooit gebeden had en ik wist niet zeker of het wel eerbiedig geweest was. Ik hoorde niets van de andere gebeden, omdat ik nog steeds in shock was.

Zoals ik altijd deed, liep ik met iedereen naar buiten om hen uit te zwaaien. Toen ik weer binnenkwam zag ik uit mijn ooghoek iets wits op de eettafel liggen. Het was een envelop. Met trillende vingers maakte ik hem open en haalde er een vijftig dollar (veertig euro) biljet uit. Ik kon mijn ogen niet geloven. Ik begon heen en weer door de kamer te lopen, terwijl ik zei:

"Hoe is het mogelijk, hoe is het mogelijk, hoe is het mogelijk!"
Dit was natuurlijk een beetje vreemd, gezien het gebed dat ik zojuist gebeden had. Eén ding was wel zeker. Het was een duidelijk moment waarop ik zonder twijfel wist dat God mij zag, ik kleine ik, één van de 7,7 miljard mensen op aarde. God zag mij, kende mijn problemen en ik voelde mij daarom met Hem verbonden. Er was een connectie en heel langzaam werd dat een relatie. Ik wist ineens heel zeker dat God erg machtig is en luistert naar iedereen die contact met Hem zoekt. Niet alleen bidden was belangrijk, maar ook stil zitten en luisteren. Het was november 1984, mijn keerpunt.

Ik had de kinderen verteld dat we niet genoeg geld hadden. Het was dus feest, toen ik de volgende ochtend vertelde van de envelop met geld.

"Mama, ik heb er gisteravond zelf in bed voor gebeden."
Daar stond ik wel even van te kijken; dat moest David op zijn zondagsschool geleerd hebben, want we baden niet aan tafel en ook niet als ik ze in bed stopte.

De kinderen gingen naar school en ik ging naar de winkel en kocht levensmiddelen en speciaal een heerlijk toetje: ijs. Die avond toen we aan tafel zaten, stroomde mijn hart over van dankbaarheid.

"Laten we de Here God bedanken voor dit heerlijke eten." Zo gebeurde het dat wij aan tafel begonnen met bidden.

De *volgende* dag zat er een envelop tussen mijn post met het adres, geschreven in mijn handschrift. Er was geen afzender. Ik kon mij beslist niet meer herinneren waar ik dat gedaan had. Vlug maakte ik hem open en daar las ik mijn verzoek om met de kinderen aan tafel te bidden. Mijn mond viel open van verbazing en ik stond heel lang stil met dit papier in mijn hand. Wat prachtig! Het was juist gisteravond opgelost.

10

Hulp voor ons van de Bijbelkring

Mijn leven veranderde niet meteen in november 1984. Ik moet toegeven dat bidden nog geen gewoonte was. Bijvoorbeeld, vanaf zijn derde jaar, had David last van tics. Ik vond de spiertrekjes, zoals het knipperen met zijn ogen en het trekken van zijn mond naar één kant, niet zo erg, maar het voortdurend schrapen van zijn keel, ging op mijn zenuwen werken. Ik wist dat hij er niets aan kon doen, dus gelukkig zei ik nooit dat hij er mee moest stoppen.

Kort nadat de mensen van de Bijbelkring binnen gekomen waren, stopte ik Ellen en Michael in bed, maar David mocht altijd nog even in de open keuken lezen. De geluiden die hij maakte, werkten op mijn zenuwen, dus stuurde ik hem soms eerder naar bed. Dit was de Bijbelkring genoten opgevallen. Aan het eind van de avond vroeg iemand wat David had. Ik zei dat ik dat niet wist. Toen hebben er een paar mensen voor dat probleem gebeden. Ik had het zelf nog niet gedaan. Het was helemaal niet bij mij opgekomen.

Laat ik nou twee dagen later in de adviescolumn van onze krant een brief lezen van een moeder met een jongen die ook leed aan zenuwtrekken. Zijn moeder beschreef de tics en ik herkende meteen David erin. De columniste adviseerde om te schrijven naar de stichting Gilles de la Tourette. Dat deed ik meteen en kreeg snel een brief terug met een brochure waarin heel veel voorbeelden van verschillende zenuwtrekken beschreven stonden. Ik wist het nu zeker. David had het syndroom van Gilles de la Tourette. Ik heb er even om moeten huilen, maar ik was ook opgelucht dat het nu een naam had. Ik leerde ook dat er lokale steungroepen waren. Wat een geruststelling! De mensen van mijn Bijbelkring waren ook onder de indruk van dit snelle antwoord op hun gebed. Dit was weer een bevestiging dat 'God het mogelijk kan maken'.

Ik kreeg een sterk verlangen om naar Nederland te gaan en te vertellen wat er allemaal gebeurd was. Ook wilde ik vertellen van mijn Bijbelkring en van de manier waarop gebeden werd. Dit was zo anders vergeleken met hoe het bij ons thuis ging. Voor en na het eten werd altijd gebeden, maar dan een standaard gebed. Mijn vader had het van zijn vader geleerd. Voor het eten werd de zegen gevraagd met dit gebed:

O Vader die al 't leven voedt!
Kroon onze tafel met Uw zegen;
En spijs en drenk ons met dit goed
Van Uwe milde hand verkregen.
Leer ons voor overdaad ons wachten;
Dat wij ons gedragen als 't behoort;
Doe ons het hemelse betrachten;
En sterk onze zielen door Uw woord.
Amen

Na het eten werd dit gebed altijd door mijn vader opgezegd:

O Heer wij danken U van harte,
Voor nooddruft en voor overvloed;
Waar menig mens eet brood der smarte,
Hebt Gij ons mild en wel gevoed
maar geef, dat onze ziele niet
aan dit vergankelijk leven kleev'
maar alles doe wat Gij gebiedt,
en eindelijk eeuwig bij U leev'.
Amen

Elke avond werd na het eten uit de Bijbel gelezen. Het was geen kinderbijbel en ik begreep er dus weinig van. Na het lezen werd er meteen gebeden en daarna hielpen wij met afruimen. Er werd nooit nagepraat over wat er was gelezen. Alleen op heel speciale dagen zoals verjaardagen bad mijn vader een gebed voor degene die jarig was. Dan werd je naam genoemd en aan God gevraagd om je te behoeden in het komende jaar. Dat gaf mij een gevoel van geborgenheid.

Twee jaar lang verlangde ik ernaar om naar Nederland te gaan, maar het was financieel gewoon niet mogelijk.

11

Verlangen naar Nederland

Een Hollandse vriendin stuurde mij in november 1986 een fotoboek over de kroning van Koningin Beatrix. Terwijl ik naar alle prachtige foto's keek, begon ik spontaan te huilen. Over dit ongewone gedrag was ik heel erg verbaasd. Was het mogelijk dat ik heimwee had?

De volgende dag nam ik de hond mee naar het strand. We hadden deze hond nu een jaar en ik was nog steeds blij dat hij als zwerver ons gezin had uitgekozen. Hij ging niet meer weg en na drie weken adopteerden wij hem. Het strand waar ik steeds naartoe ging, was erg verlaten. Je kon er een heel eind lopen zonder dat je iemand tegen kwam. Dat zou ik zonder hond nooit gedaan hebben. De routine was dat ik eerst een flink eind met hem liep en dan een zitplaats zocht op aangespoeld hout. Daar kon ik rustig met mijn ogen dicht bidden, met de herdershond keurig zittend op de uitkijk, aan de lijn bij mijn voeten. Dat deed ik ook dit keer. Ik bad over de mogelijkheid om naar Nederland te gaan. Nadat ik heel stil met mijn ogen dicht gezeten had, kwamen de woorden 'God kan het mogelijk maken' zo overtuigend bij mij op, dat ik het meteen geloofde. Maar hoe zou dat kunnen?

Tijdens de volgende zes maanden dacht ik aan verschillende manieren om het doel te bereiken. Eén idee was het ruilen van mijn huis met een gezin in Holland. Maar waar vond ik zo'n gezin?

Op een zondagochtend in mei 1987 liep ik na de kerkdienst naar de gymzaal voor een kopje koffie. Ik had besloten dit keer niet naar mijn eigen zondagsschool klas te gaan, want iemand van het Leger des Heils zou spreken over de daklozen in de stad. Nee, ik wist zeker dat ik naar een andere zondagsschool klas wilde gaan, want daar vertoonden ze een film over de zending in Afrika.

Juist toen ik de open deur van mijn zondagsschool lokaal voorbij wilde lopen, werd ik er als het ware heel sterk naar binnen geleid. In het begin vroeg de leider of er nog verzoeken waren voor speciale gebeden. Een sterke kracht duwde mij omhoog zodat ik stond. Voordat ik mij realiseerde wat er gebeurde, had ik aan iedereen verteld dat ik graag een kleine zendingsreis naar Nederland zou willen maken en dat ik mijn huis wilde ruilen met een gezin in Holland. Ik vroeg of ze daarvoor wilden bidden en ook nog om het geld voor vier vliegtickets. Toen ik weer zat, schaamde ik mij zo erg, want ik had nog nooit om een gebed gevraagd en kijk nu eens waar ik om gevraagd had! De zondagsschool leider bad voor alle voorbeden, ook voor die van mij, met mijn naam erbij.

De spreker was kapitein in het Leger des Heils. Deze jonge vrouw was in haar uniform met pet. Halverwege haar praatje, midden in een zin stopte ze, keek mij aan:

"Annelies, jij zult het geld krijgen."

Aan het einde van haar lezing had zij het over verschillende landen waar je door het Leger des Heils naar kon worden uitgezonden. Iemand naast mij stootte me aan en zei:

"Daar is je kans."

Ik keek nog één keer naar het uniform en fluisterde:

"Sorry, geen pet en zwarte kousen voor mij."

Maar ik nam wel een brochure van de tafel mee, want ik dacht dat een internationale organisatie mij misschien wel kon helpen met het vinden van een gezin om mijn huis mee te ruilen.

Ik schreef de Generaal Majoor in Los Angeles en van hem kreeg ik het adres van kolonel Krommenhoek in Amsterdam. Namens hem schreef Majoor Verpoorte:

"Wij zullen in ons blad 'Salvo' proberen belangstellenden te vinden voor uw plannetje en zien of er iemand reageert. Wij denken dat dit niet mee zal vallen."

Misschien was het niet veel, maar ik vond dit een grote stap in de goede richting. Als God wilde dat wij naar Nederland zouden gaan (en ik vertrouwde daar op), dan zou Hij natuurlijk helpen. Ik redeneerde zo: de Here God was bezig in Holland; mijn taak was het klaarmaken van mijn huis en tuin, in afwachting van de mensen die zouden komen.

In de bijbel staat:

> 'Wees over niets bezorgd, maar vraag God wat u nodig hebt en dank hem in al uw gebeden. Dan zal de vrede van God, die alle verstand te boven gaat, uw hart en gedachten in Christus Jezus bewaren.'
>
> Filippenzen 4:6+7

Wat een geruststellend vers. Dat hielp mij beslist in het versterken van mijn geloof en niet paniekerig bezig te zijn, maar mij rustig te voelen.

De zomervakantie begon na de eerste week van juni. De kinderen zouden pas weer in september terug naar school gaan. Een goede gelegenheid om een groot project te beginnen.

Toen mijn broer dit huis kocht, was alles verwaarloosd, ook de achtertuin. Waar een mooi grasveld moest zijn, groeide alleen onkruid. Omdat het toch allemaal omgeploegd moest worden, plantte ik een paar jaar daarvoor maïs in de achtertuin. We houden er allemaal van en het was een feest om zo je eigen maïskolf te plukken. David haalde het record, hij at een keer tijdens het avondeten negen maïskolven. Dat was leuk om één jaar te doen, maar nu was het tijd voor mij om zelf een mooi grasveld van zaad aan te leggen. Na twee maanden stond het er prachtig bij.

Nog een maand en dan zouden de kinderen weer naar school gaan. Ik dacht aan al de nieuwe schoolkleding die weer gekocht moest worden. Hoe zou ik het dit keer redden (wij kennen hier geen kinderbijslag). In tegenstelling tot Nederland is het de gewoonte om in de zomervakantie, heel veel nieuwe schoolkleding te kopen. Op de eerste schooldag heeft elk kind zijn nieuwe kleding, jas en schoenen aan. Ook horen een nieuwe rugzak en lunchbox erbij. Deze gewoonte wordt natuurlijk ook door de winkels met reclames in stand gehouden.

Op een dag kwam een buurvrouw vragen of ze wat kleding, waar haar kinderen uitgegroeid waren, kon brengen. Ja, graag zelfs. Ze bracht drie grote vuilniszakken vol. We keerden ze allemaal om op het vloerkleed in de woonkamer. Het was een hele berg waar alle drie kinderen gretig aan kledingstukken trokken. Wat een pret! Amerikanen kopen erg veel kleding. Als één broek goed zit, dan koop je er meteen twee of drie. Deze kleding zag er nog zo goed uit. Er waren veel spijkerbroeken en T-shirts, precies wat ze alledrie droegen. De kinderen waren door het dolle heen en ik was erg dankbaar.

'Dank U Vader!'

Met plezier gingen ze in september, met hun 'nieuwe' kleding naar school. Het leven zou zijn gewone gang weer gaan. Toch niet... Er zat een envelop in de post met op de achterkant een adres uit Nederland dat ik niet kende. Met kloppend hart en trillende vingers maakte ik de envelop open. De brief was van een alleenstaande moeder met één dochter. Ze schreef dat haar broer bij het Leger des Heils zat en dat zij, terwijl zij een kopje koffie bij hem dronk, het blad Salvo op de tafel zag liggen. Achteloos draaide ze het om en zag 'toevallig' op de achterkant mijn kleine advertentie. Al heel lang had zij het verlangen om haar huis in Nieuwegein te ruilen met een gezin in de VS. Voor haar zou volgende zomer het beste uitkomen.

Daar moest ik even rustig bij gaan zitten. Het was gewoon overweldigend, dit kon geen toeval zijn. Ik schreef haar meteen terug. Het eerste probleem was opgelost, nu nog het tweede: vier retourtickets naar Amsterdam. Ik schreef naar verschillende Amerikaanse zendingsorganisaties en leerde van hen dat iedereen zijn eigen inkomen moest inzamelen.

Ondertussen was het januari 1988 en kreeg ik weer een brief uit Nieuwegein. Dit keer stuurde zij haar ticket informatie met data en tijden. Haar reis was geboekt en betaald en vroeg of ik ook al mijn vliegtickets gereserveerd had. Even werd ik bang. Wat moest ik nu doen?

Ik kreeg een nieuw idee. Omdat ik lid was van een grote kerk, kon ik aan honderd mensen vragen of ze vijfentwintig dollar wilden geven. Ik bad om advies. Ik vroeg om een duidelijk teken, zodat ik wist of ik die kant op moest.

De assistent dominee, Robert Bardeen, van onze kerk had daar eens over gepreekt. In het Oude Testament in het boek Rechters, staat in hoofdstuk 6 vers 17. Toen zei Gideon:

> 'Heer, als ú het bent die tot mij spreekt en ik uw gunst geniet,
> geef me dan een teken.'

Dus je mag om een teken vragen en mijn ervaring is, dat als je een teken krijgt, je ook meteen weet dat het een teken van God is.

Een paar dagen later was ik op bezoek bij Rita, de oudere vrouw die ik in het ziekenhuis had leren kennen. 'Toevallig' had Rita het over Corrie ten Boom, die als evangeliste over de hele wereld reisde, en dat zij veel boeken van haar had.

"Misschien wil je er wel een paar lezen."

Ik zocht er twee uit. Thuisgekomen begon ik meteen aan 'Tramp for the Lord' (Zwerver voor de Heer). In het begin schreef Corrie over problemen met geld. Ze schreef haar zus in Nederland en vroeg:

"Zal ik mijn rijke vrienden om geld vragen?"

Haar zus schreef terug:

"Corrie, ik voel dat de Here wil dat ik je vertel niet om geld te vragen. Vertrouw alleen op Hem."

Wow! Daar was mijn teken. Dus vragen om geld zou ik niet doen. Maar hoe moest ik verder? Ik kreeg weer een idee. Sinds het boekje 'God kan het mogelijk maken' een deel van mijn verandering was, zou ik de schrijver kunnen vragen of het in het Nederlands vertaald was. Als dat zo was, zou ik het boekje in Nederland kunnen promoten en was het misschien mogelijk, dat de vliegtickets door de uitgever betaald zouden worden.

Eind januari schreef ik de auteur Russ Johnston. De hele maand februari verstreek terwijl ik niets van hem hoorde. Ik moet eerlijk bekennen dat ik het er wel eens een beetje benauwd van kreeg. Maar elke keer werd ik geholpen; soms door een preek, een gezang of een bijbelvers. Bijvoorbeeld Jesaja 41:13 –

> 'Want ik ben de Heer, je God, ik neem je bij je rechterhand en zeg je: Wees niet bang, ik zal je helpen.'

Ik had daar veel steun aan.

Eindelijk, op 23 maart 1988, ontving ik een antwoord van Russ. Mijn brief had er meer dan een maand over gedaan, voordat die hem bereikt had. Hij was er erg blij mee, maar kon mij niet helpen. Het boek werd niet meer herdrukt en het was ook niet vertaald in het Nederlands. Hij herinnerde mij eraan dat ik op God moest steunen en dat ik op de goede weg was. Met deze brief had hij mij moed gegeven.

Een paar maanden geleden was ik veranderd van zondagsschool klas. Deze nieuwe klas bestond uit een kleine groep vrouwen waar de vrouw van de nieuwe dominee ook aan deel nam. Nadat ik de groep op de hoogte had gebracht van mijn vorderingen, kwam zij aan het eind naar mij toe. Of ik haar kon vertellen waar ik mee bezig was, want ze was er zo middenin gevallen. Zij had begrepen dat ik gelegenheden zocht in Holland om mijn verhaal van mijn verandering te vertellen. Ik vertelde haar dat ik nog steeds bezig was met het geld voor de vliegtickets. Ze staarde mij verbijsterd aan en kon geen woorden vinden. Toen ik haar grote ogen zag, wist ik dat ik met iets bezig was dat voor sommigen te groot was om te begrijpen, zelfs voor de vrouw van een dominee.

De volgende dag wilde ik met de kapitein van het Leger des Heils in Salinas spreken. Hun gebouw stond in een deel van de stad waar ik nooit kwam, omdat ik mijn daar niet veilig voelde. Maar ik wilde haar graag spreken, dus ging ik toch. Ik vond het gebouw, ging naar binnen en vroeg om kapitein Jenny Gregory. Ze kwam de gang in en herkende mij meteen. We liepen haar kantoor binnen terwijl ze vroeg wat er gebeurd was sinds die ochtend bij mijn zondagsschool klas. Ik gaf haar een update en vertelde dat ik niet wist hoe ik verder moest. Ze werd helemaal enthousiast, opende de deur naar de gang en riep drie namen van vrouwen, die snel aan kwamen lopen. Kapitein Jenny vertelde mij dat deze vrouwen 'prayer warriors' (gebedsstrijders) waren en aan hen legde ze uit wat mijn probleem was. Deze vrouwen gingen om ons heen staan en begonnen met veel enthousiasme hardop te bidden. Toen ze klaar waren had ik tranen in mijn ogen. De kapitein zei:

"Ga naar huis en maak je verder geen zorgen."

Dat probeerde ik ook, maar ik was niet alleen. Ik had drie kinderen die meeleefden. Ik herinner mij nog goed dat ik op een keer aan tafel bad voor de reis. Na dit gebed keek David mij aan en met een wit gezicht vroeg hij:

"Als wij het geld niet krijgen en de mensen komen in ons huis slapen, waar gaan wij dan naar toe?"

Dit was niet makkelijk, maar ik probeerde toch uit te leggen dat God een plan had en dat wij op Hem moesten vertrouwen. Je kunt namelijk niet zeggen dat je op God vertrouwt, maar dan toch een plan achter de hand houdt, zoals plan B.

De gezangen die wij in de kerk zongen, gingen meer voor mij betekenen. Zoals het gezang: 'Trust and Obey' (Vertrouw en wees gehoorzaam) waar een zin bij wijze van spreken van het papier afsprong:

'Wat Hij zegt zullen wij doen, waar Hij je naartoe stuurt, zullen we gaan, wees nooit bang, maar vertrouw en wees gehoorzaam'.

Met tranen in mijn ogen stond ik dat te zingen en het gaf mij weer moed voor de nieuwe week.

Het was nu halverwege april en een regenachtige maandagochtend. Ik hield nog steeds niet van regen, dus zat ik een beetje in een dip. De postbode kwam en bracht een tweede brief van Russ Johnston. Vol verwachting opende ik de envelop. Russ schreef dat hij in Pella, Iowa was, een staat die 3000 kilometer van ons vandaan ligt. Er wonen heel veel mensen met een Nederlandse achtergrond.

Hij had een Bijbelkring voor mannen van de Nederlandse Hervormde Kerk bezocht en had mijn brief aan hen voorgelezen. Ze waren enthousiast over het feit dat ik naar Nederland wilde gaan. Deze mannen hadden een inzameling gehouden om te helpen met de vliegtickets. Russ zei:

"Blijf geloven, twijfel niet, je zult wel eens bang worden, maar zet dat van je af, vertrouw op je geloof."

Er zat een cheque bij van tweehonderd dollar (190 euro). Er waren geen woorden voor een moment als dit. Alleen oprechte verbazing. Wie had dat gedacht. Dat had niemand kunnen verzinnen. Het was duidelijk: God had alles in de hand.

12

Gaan wij naar Nederland?

Het was nu zondag 2 mei. Ik zat in de kerk en voordat de dienst begon rekende ik uit dat over zes weken de mensen uit Nieuwegein zouden komen. Het begon dus spannend te worden. Ik bad stilletjes een gebed met veel passie. Laat in de middag ging ik uitgebreid koken. Dat deed ik eigenlijk nooit op zondag. Waarom nu wel? Dat wist ik niet. We zaten om zes uur aan tafel en weer bad ik voor de reis naar Nederland.

We waren nog maar net begonnen met eten, toen ik een auto op de oprit hoorde stoppen. Snel keek ik door de luxaflex en zag Julie Harrell (24) van de kerk, uit haar auto stappen. Ze was hier nog nooit op visite geweest, dus waarom vanavond en onaangekondigd (wat hier erg ongebruikelijk is)? Ik liet haar binnen en meteen gaf ze me een dikke envelop. Ik moest hem van haar openmaken. Er kwam een stapel honderd dollar biljetten uit. Samen met de kinderen telden wij honderd, tweehonderd, driehonderd enz. Duizend dollar lag voor ons op tafel. Hierna renden de kinderen door de zijdeur naar de patio en begonnen op en neer te springen, terwijl ze heel veel lawaai maakten. De hond deed zelfs mee. Wat mij overkwam, lees je wel eens in boeken. Mijn knieën leken net rubber. Ik kon mijn benen niet recht houden en moest gaan zitten.

"Julie, dit is onbegrijpelijk. Hoe kon je dit doen?" (Ze had net de universiteit doorlopen en werkte als verkoopster.)

"Ik ben tien maanden geleden begonnen met het wegleggen, elke maand, van een honderd dollar biljet. Ik spaarde voor een speciaal project van de zending. Drie maanden geleden besloot ik het aan jou te geven."

Ze vroeg of we nu al het geld bij elkaar hadden. Ik vertelde hoeveel we nog nodig hadden. Maar ik was nu er zo van overtuigd dat we het zouden halen. Wat een ervaring, wat een opluchting!

De VOLGENDE ochtend, even voor achten, ging de telefoon. Het was Julie's vader. Ik kende hem wel, maar we hadden nooit contact gehad. Hij zei:

"Koop de tickets en laat me weten hoeveel je van mij krijgt."
In minder dan vierentwintig uur was het probleem opgelost. De dag ervoor, in de kerk, leek het zo'n enorme opgave en nu kon ik het reisbureau bellen.

De kinderen gingen met een opgelucht en blij gevoel naar school en ik belde het reisbureau in San Francisco. Daar was een Hollandse vrouw die mij altijd hielp met mijn tickets. Ze was heel erg verbaasd en vroeg waarom ik zolang gewacht had met het boeken van de reis. Ik legde maar niets uit, omdat zij het toch niet zou begrijpen. Het duurde even voordat ze vier tickets naar Amsterdam kon vinden, maar aan het eind van de dag was het gelukt. We zouden weggaan op de dag dat het Nederlandse gezin kwam en tien weken later zouden we terugkomen als zij weggingen. Wat een wonder! Inderdaad. 'God kan het mogelijk maken.'

Kun je geloven dat wij zes weken later bijna onze vlucht misten? Ik had heel hard gewerkt om het huis en de tuin heel netjes achter te laten. Dat betekende dat ik alle kasten schoonmaakte, ook de keukenkastjes, keukenlaatjes en koelkast. Alle ramen moesten gezeemd worden en de garage opgeruimd. In de tuin moest al het onkruid getrokken worden. De auto die bij de ruil inbegrepen was, moest ook gestofzuigd worden.

Dat jaar paste ik fulltime op een baby en nu ik dit zo opschrijf, vraag ik mij af hoe ik het voor elkaar kreeg. De ouders van de baby zouden de hele zomer op de hond passen. Daarna nog vier koffers inpakken. Eerlijk gezegd was ik op de dag van vertrek helemaal uitgeput. Een buurvrouw bracht ons weg in haar twintig jaar oude auto; een prachtige grote slee. We gingen heel vroeg weg, omdat zo'n auto niet erg betrouwbaar is. Maar wij hadden geen oponthoud en waren er veel te vroeg. Dat vond ik helemaal niet erg. Alles wat ik wilde was zitten. We vonden de 'gate' gemakkelijk, want door het raam konden wij het Martinair toestel al zien. Opgelucht plofte ik op een stoel neer en keek rond. We waren inderdaad heel vroeg, want er was nog niemand. De kinderen begonnen te spelen met hun meegebrachte Cabbage Patch poppen. Ellens "Peter" had zelfs zijn eigen passport, waar een stempel in gezet was. Ik nam nog een foto van hen met het vliegtuig op de achtergrond.

Hierna ging ik zitten en het leek net of ik onder de invloed van iets was (spaced out). Ik was er niet helemaal bij. We zaten er al zeker een paar uur. Ik had niet eens in de gaten dat we nog steeds de enigen waren die daar zaten. Opeens overkwam mij hetzelfde gevoel als destijds tijdens die zondagsschool klas. Een kracht duwde mij omhoog.

"Kinderen ga kijken wat er aan de hand is."

Die verdwenen snel om de hoek. Een moment later kwamen ze terug rennen met de Hollandse agente van het reisbureau achter hen aan. Terwijl zij rende, sprak ze in een walky-talky. Ik pakte snel alle handbagage en liep achter haar aan de hoek om. Daar was het nummer van de gate en de deuren met een man ervoor die ook in een walky-talky sprak. Ik moest de instapkaarten laten zien, de deuren gingen open en wij holden door de slurf naar het wachtende vliegtuig. De stewardessen keken helemaal niet vriendelijk toen wij binnen kwamen en alle passagiers staarden ons aan. Er waren vier lege stoelen, dus was het gemakkelijk om onze plaatsen te vinden. Ik schaamde mij heel erg, maar toen wij zaten en de motoren begonnen te ronken, moest ik lachen. Het kon mij niet schelen wat de mensen dachten. Zij wisten niet dat het achttien maanden had geduurd om deze reis te organiseren en dat we uren op het vliegveld gewacht hadden en toch bijna deze vlucht misten. Maar God was vanaf het begin bij ons en zou ons niet in de steek laten. Door deze ervaringen gingen de Bijbelverzen van Matteüs 7:7 helemaal voor mij leven:

> 'Vraag en er zal je gegeven worden,
> zoek en je zult vinden,
> klop en er zal voor je worden opengedaan.'

13

Nieuwegein

Daar zaten wij dan in Nieuwegein, zomaar in een vreemd huis en een vreemde buurt. Het was even wennen aan een trap en nog wel zo'n steile. Ook hadden we geen auto tot onze beschikking. Als we weggingen, moesten we naar de tram lopen, die ons naar Utrecht bracht. Daar namen wij dan de trein. We hebben heel wat kilometers afgelegd tijdens die zomer. De kinderen waren professionele reizigers, want ze namen altijd van alles mee om zich bezig te houden.

Het duurde even voordat ze vriendjes in de buurt hadden, maar daarna werd er veel buiten gespeeld. Ze spraken dus weer volop Nederlands (altijd met mij, nooit onder elkaar). Michael was nu acht jaar, Ellen nog net negen en David net elf.

De bedoeling van deze reis was dat ik aan mijn familie en vrienden wilde vertellen wat er in november 1984 gebeurd was. Dat ik nu een persoonlijke relatie met God had en hoe dat mijn leven had veranderd. Dat was niet makkelijk. Ik merkte dat het juist erg moeilijk was om over het geloof te praten, zelfs met familie en vrienden die naar de kerk gingen. Het lukte gewoon niet. Het idee voor een boek is toen ontstaan.

Ik heb wel gesproken in een avonddienst van het Leger des Heils. Ook gingen wij op bezoek bij een broer van mijn vader die Gereformeerd predikant was geweest. Zijn vrouw, tante Lena, schreef mij altijd trouw in Amerika en eindigde haar brieven met 'we denken veel aan je, je begrijpt wel wat ik bedoel'. Ze bedoelde, denk ik, dat ze voor mij bad, maar kon dat niet schrijven. Om de kinderen zoet te houden had ze een schaaltje met koekjes en chocolade op de keukentafel liggen en blikjes frisdrank in de ijskast. Ze zaten in de keuken en mochten zichzelf helpen. En zo werd tante Lena de 'ijskast tante'. Oom Bou, tante Lena en ik zaten in de woonkamer en ik probeerde te vertellen hoe ik veranderd was. Ik had nu een persoonlijke relatie met God, waarop oom Bou een voorbeeld gaf van Psalm 23:1 –

'De Heer is mijn Herder'. Met de klemtoon op 'mijn'.

Maar verder kwam hij niet. Ik had graag voorbeelden uit zijn leven gehoord. Oom Bou kon vroeger prachtig preken, maar over zijn eigen geloof spreken ging niet. Mijn eigen ouders waren ook erg gesloten over hun geloof. Helaas stierf mijn vader in 1978 en mijn moeder zeven jaar later. Ik kon mijn nieuw verworven geloof dus niet meer met hen delen. Ik had mijn vader nog zoveel willen vragen.

Tijdens de Tweede Wereld oorlog zaten mijn ouders in Nederlands-Indië en toen de Japanners daar de macht overnamen, werden alle Nederlanders door hen geïnterneerd. Mijn moeder en mijn broer konden gelukkig buiten het kamp blijven en zaten in Bandung in het huis bij een neef van haar, die arts was. Mijn vader nam een Bijbeltje mee dat hij van mijn moeder gekregen had. Daar las hij veel in en onderstreepte sommige verzen met potlood. Ik wist niet van het bestaan van dat Bijbeltje, totdat ik het in 1988 van mijn broer kreeg. Was het geloof in God een steun voor mijn vader geweest? Dat moet haast wel; hij verloor al zijn vrienden in het kamp, maar zelf overleefde hij het op het nippertje.

14

Terug in Salinas

Eind augustus waren we terug in Salinas, terug in ons eigen huis. We hadden veel meegemaakt en het was een goed verblijf geweest, maar het was heerlijk om weer thuis te zijn. Het nieuwe schooljaar zou over twee weken beginnen.

Na een schooljaar op één baby gepast te hebben, wilde ik terug naar mijn oude werk, maar nu als eigen business. Lang geleden, in 1979, nog in Ohio, was ik hostess geworden bij de Welcome Wagon. Ik bezocht mensen die nieuw in de stad waren en vertegenwoordigde winkels en zaken. Het waren altijd leuke bezoeken, want ik verkocht niets, maar deelde tegoedbonnen uit en kleine cadeautjes. Ik was ook verantwoordelijk voor het vinden van winkels, firma's en later ook dokters en tandartsen. Je kunt het vergelijken met de felicitatie dienst in Nederland. Ik was er in 1987 mee gestopt en niemand had het overgenomen. In september 1988 begon ik voor mijzelf onder de naam 'Welcome to Salinas'. Ik bezocht mijn oude sponsors en kreeg ze allemaal weer terug. Deze baan is fijn, omdat je met afspraken werkt. Als er eens een kind ziek was, kon ik makkelijk de afspraken verzetten.

Gedurende dit jaar begon een verlangen te groeien. Ik wilde heel graag dat de kinderen een tijd, bijvoorbeeld zes maanden, een Nederlandse school konden meemaken. Ik schreef dat naar mijn broer Boudewijn maar die begreep het niet.

"Waarom wil je dat?"

Het was moeilijk uit te leggen waarom, maar ik was opgegroeid in zo'n andere omgeving. Alles in Nederland is anders dan in Amerika. De scholen, het huiselijke leven, de kerkdiensten, de huizen, de wegen en hoe jij je verplaatst. Ik wilde mijn kinderen het verschil met Amerika laten ervaren. Omdat ze in Amerika waren geboren zijn het Amerikanen, maar met Nederlandse ouders. Zij konden Nederlands lezen en spreken en mijn verlangen was om een poos in Nederland te wonen.

> 'Allen die hem aanroepen is de Heer nabij, die hem roepen in vast vertrouwen. Hij vervult het verlangen van wie hem eren, hij

hoort hun klacht en komt te hulp.'
Psalm 145:18+19

Hier bad ik voor. Ik vroeg ook toestemming aan Cees. Gelukkig bekeek hij het van hun kant, want het zou goed voor hen zijn om zijn familie beter te leren kennen.

15

Wel of niet verkopen

In een paar jaar tijd werden er zoveel nieuwe huizen in Salinas gebouwd dat het verkeer steeds drukker werd. Wij woonden in Salinas Noord, maar onze kerk stond in Salinas Zuid, zodat het meer tijd kostte om van noord naar zuid te rijden. De kinderen kregen ook meer activiteiten bij de kerk, zoals koor en jeugdgroep. Dit betekende dat ik vaker heen en weer moest rijden. In 1989 begon David op een andere school die ten zuiden van Salinas lag. Ik moest hem nu halen en brengen. Je ziet wel eens bordjes in auto's met 'Mom's Taxi'. Daar leek mijn auto op. Daarbij reed ik voor mijn werk ook door de hele stad.

Begin 1990 begon het verlangen te groeien om het huis te verkopen. Ik wilde graag in Zuid wonen. Er speelde nog een andere factor mee. Zoals ik al zei, was het huis heel erg verwaarloosd toen wij erin trokken en ik voelde steeds die druk om het helemaal af te maken. De 15-jarige jongen die er gewoond had, had diverse deuren ingetrapt en de deurposten moesten vernieuwd worden. Het huis had twee volledige badkamers met ligbad (standaard in heel gewone huizen), maar we gebruikten er maar één, want de andere moest nog een nieuwe vloer en een nieuwe wc-pot krijgen. Ik besprak het verlangen om het huis te verkopen met mijn broer. Hij vond het goed als ik het maar zonder makelaar verkocht.

Het was nu eind maart 1990 en op een ochtend toen iedereen naar school was, maakte ik een lijstje van wat er aan het huis gedaan moest worden. Ik begon buiten en wist dat het geverfd moest worden. Toen keek ik binnen goed rond. Het werd een heel lange lijst. Ik dacht er goed over na en kon de moed niet opbrengen om al die grote en kleine klussen aan te pakken. Ik besloot het huis dus niet te verkopen.

Twee dagen later zou ik met de vrouwen van mijn kerk naar Mount Hermon, een Christelijk Conferentie Oord, gaan. Het begon op vrijdagavond met een diner. Ik moest wel de volgende ochtend heel vroeg weer terug rijden, want sinds de plaatselijke krant van avond- naar ochtendkrant veranderd was, had ik de krantenwijk van de kinderen overgenomen. Het was een heerlijke maaltijd en een fijne avond. Ik had mijn kamergenoten verteld dat ik om vier uur weer terug naar Salinas moest om de kranten te bezorgen. Ik probeerde alles heel zachtjes te doen, zodat ik hen niet wakker zou maken. Om zes uur was ik klaar met de kranten en reed terug naar Mount Hermon. Het was heerlijk stil op de weg en ook in de auto, aangezien de radio en cassetterecorder kapot waren. Ik genoot van de opgaande zon. Ik dacht eigenlijk aan niets, toen ik heel duidelijk hoorde:

"Verkoop het huis en ga naar Nederland."

Daar schrok ik erg van. Hoe kon dit? Het was niet een echte stem, maar het leek wel door de hele auto te klinken. Eén ding was zeker; het kwam van God. Ik dacht er nog eens over na en het was een idee dat logisch was, maar waar ik zelf nog niet aan gedacht had. Ik was hier zo van ondersteboven. Bij aankomst vertelde ik het tegen mijn kamergenoten en moest hier gedurende het weekend steeds aan denken. Er was dus weer een opwindend, maar ook moeilijk project.

Eerst schreef ik naar alle vrienden en familie in Nederland en vertelde dat we een woning zochten voor zes maanden. Ik kreeg lieve brieven terug met de mededeling dat er geen huizen te huur stonden waar je zo in kon trekken. In ieder geval niet met mijn budget.

Daarna begon ik met het grote karwei. Ik sloeg mij er aardig doorheen. Het huis had aan de buitenkant gepleisterde muren en die moesten geverfd worden. Ik leende een verfroller met een elektrische pomp; dat schoot lekker op. Daarna alle binnenmuren. Ik plakte een linoleumvloer in de badkamer. Toen die goed lag, was ik zo opgelucht. Ik kreeg wel hulp bij het plaatsen van de nieuwe wc-pot. Ik ontdekte ook dat als je het echt moet doen, het meestal wel meevalt. Zes weken werkte ik heel hard, soms waren er mensen van de Bijbelkring die hielpen.

Half juni stond het te koop: 'By Owner' (door de eigenaar). De gewoonte in Salinas was, dat als je een 'open house' wilde hebben, je dit altijd op zondagmiddag hield. Ik wilde dat niet. Met het gevolg dat niemand kwam, toen ik op een zaterdagmiddag een 'open house' had. Maar ik liet de moed niet zakken. We hadden dus twee belangrijke verzoeken. Nummer één was de verkoop van het huis en nummer twee een woonruimte in Nederland. Ik wist dat het zou lukken, want ik had die boodschap in mijn auto gekregen. Maar hoe? Dat was de grote vraag.

Ik had ook al diverse keren gebeden om een teken, zodat ik zeker wist aan wie ik het huis kon verkopen. Je wilt namelijk iemand die een lening kan krijgen, anders gaat er veel tijd verloren.

Het was 1 augustus, een doordeweekse ochtend, toen een man aanbelde. Hij zei dat hij toevallig het bord in de tuin had gezien. Hij legde uit dat hij elke ochtend om half zeven naar zijn kerk ging om met een groep mannen te bidden. Hierna reed hij altijd dezelfde weg terug naar huis. Maar die ochtend gebeurde er iets vreemds. Ineens realiseerde hij zich dat hij in mijn straat reed en zag het bord in mijn tuin. Hij had geen idee hoe hij in mijn straat terecht was gekomen. Voor mij was dat belangrijk. Dat was de hand van God! Hij vroeg of hij 's middags met zijn vrouw terug mocht komen om het huis te zien. Ik was natuurlijk reuze enthousiast en ruimde alles netjes op, zodat het er goed uitzag. Het echtpaar vond het een mooi huis en hij zou dezelfde dag nog komen met een bod. Het huis was in zes jaar in waarde meer dan verdubbeld en ik was benieuwd hoeveel hij zou bieden. Mijn broer liet de beslissing aan mij over. Laat in de middag kwam hij terug en bood iets minder dan de vraagprijs. Ik nam het met beide handen aan. Hij vulde alle papieren in en ik nam ze mee naar een makelaar, die lid was van mijn kerk. Hij wilde er wel even doorheen gaan om te kijken of het klopte.

Nu hadden wij een koper, maar nog geen huis in Holland. Op vrijdag 14 september zou de overdracht plaats vinden en het was nu 2 augustus. Weer stond ik met mijn rug tegen de muur, maar ik was niet bang. Ik wist dat ik bij God kon aankloppen. Psalm 46:1 en 2 geven dit goed weer:

> 'God is voor ons een veilige schuilplaats,
> een betrouwbare hulp in nood.
> Daarom vrezen wij niet, al wankelt de aarde
> en storten de bergen in het diepst van de zee.'

Als ik dit las, werd ik weer rustig. De zekerheid dat ik bij God terecht kon, was heel langzaam gegroeid. In 1984, nu zes jaar geleden, was dit nog zo nieuw voor mij geweest. Als ik toen voor een probleem kwam te staan, had ik de neiging om het zelf op te lossen. Natuurlijk ging dat gepaard met grote frustraties en halve slapeloze nachten. Wat mij erg geholpen heeft, waren de gebeden die verhoord werden. Dat gaf elke keer weer zo'n steun. Je zegt dan tegen je zelf: 'weet je nog die en die keer, toen stond je ook met je rug tegen de muur en werd je geholpen'. Als dat vaker gebeurt, groeit je geloof.

16

Is er een huis in Nederland?

Het kwam heel goed uit dat ik ons een tijd geleden had opgegeven voor een familiekamp van een week bij Mount Hermon, een Christelijk Conferentie Oord. Ik had deze afleiding beslist nodig. Het ligt tussen heel hoge 'redwood' bomen, een uur bij ons vandaan. Voor alleenstaande ouders was dit kamp helemaal ideaal. De kinderen werden bezig gehouden, terwijl de volwassenen hun eigen activiteiten hadden. 's Middags was iedereen vrij en kon je met je kinderen zwemmen, kanoën of naar het strand. Ik moest natuurlijk wel elke ochtend mijn krantenwijk doen. Het was namelijk erg moeilijk een vervanger ervoor te vinden. Ik sloop dus 's ochtends uit ons huisje en liet de kinderen slapend achter. Dan gooide ik van vijf tot zes uur de kranten (met een elastiek eromheen gooide ik ze voor de voordeur) en reed dan weer een uur terug. Precies op tijd om ons klaar te maken voor het ontbijt van acht uur.

Ik deed dit elke ochtend en op woensdagochtend, toen ik mijn huis om vijf uur binnenliep, ging de telefoon. Het was mijn schoolvriendin Gerda den Dulk uit Boskoop. Zij had drie maanden geleden mijn brief gekregen en vroeg of we nog steeds een huis in Nederland zochten. O, ja, ja, ja! Ze wist misschien wel iets in Voorthuizen op de Veluwe. Toen mijn brief kwam, had ze er niet aan gedacht, maar nu kwam het ineens bij haar op dat haar zwager een zomerhuisje had. Hij was arts in Afrika en kwam elke zomer met zijn gezin naar Nederland. Dan kwamen ze ook elk jaar met Kerst terug, behalve dit jaar.

"Zal ik eens vragen of je het kan huren?"

"Heel graag, maar ik kan niet meer dan vijfhonderd gulden per maand betalen."

"O, dat is erg veel. Wanneer kan ik je het beste terugbellen?"

"Morgen op precies dezelfde tijd." Ik legde haar uit waarom en bedankte haar voor het telefoontje.

Terwijl ik met een kinderwagen vol met kranten door de wijk liep, kon ik wel zingen van plezier. Mijn hart stroomde over van dankbaarheid. Maar nu nog afwachten wat het antwoord was.

De volgende ochtend zat ik om vijf uur klaar bij de telefoon. En, ja hoor, Gerda belde. Haar zwager vond het goed en ik kon het huis voor driehonderdvijftig gulden per maand huren, elektriciteit inbegrepen. Hoe was het mogelijk?! Een gemeubileerd huis, met een wasmachine en droger, buiten Voorthuizen aan de rand van een golfbaan. Het duizelde mij. Dit was perfect. Jullie kunnen wel begrijpen dat de terug rit heel bijzonder was. Ik dankte God voor Gerda, die ineens aan het zomerhuis dacht en toen veel te vroeg belde, maar voor mij op het juiste moment.

Toen ik terugkwam bij Mount Hermon, maakte ik de kinderen wakker en vertelde hen van het huis dat op ons stond te wachten in Voorthuizen. De laatste paar dagen genoot ik nog van alle heerlijke, verzorgde maaltijden en van de vakantie. Als we terugkwamen, moest er ingepakt worden.

17

Voorbereiding reis naar Nederland

Opgelucht dat wij een huis zouden krijgen, gingen wij aan de slag. We mochten twee koffers per persoon meenemen, dus dat werden er acht. We konden een aantal koffers van mensen van de kerk lenen. Ik had een berging gehuurd en wat we niet naar Nederland meenamen, moest in dozen gepakt worden. In die paar weken heb ik heel wat keren gebukt en dozen opgetild.

In Amerika hebben we een grote feestdag die altijd op de eerste maandag in september gevierd wordt. Die dag heet Labor Day (Dag van de Arbeid). Het was de traditie van onze kerk om altijd met dit lange weekend een heel conferentieoord af te huren en hier met z'n allen het einde van de zomervakantie te vieren. Na Labor Day gingen alle kinderen weer naar school. Het was dus heerlijk om al dat inpakken te laten rusten en in een andere omgeving even bij te komen. Er stond voor ons nog een heleboel te wachten, dus mij echt ontspannen was moeilijk. Wij hadden geen onderdak voor onze grote hond kunnen vinden. Gedurende dat lange weekend werden er wel eens mededelingen gedaan als iedereen in de eetzaal aanwezig was. Ik vroeg of ik ook even de microfoon mocht gebruiken en vertelde dat wij iemand zochten die onze hond zes maanden onderdak zou kunnen geven. Dat leverde niets op.

Voordat er een overdracht van een huis plaatsvindt, moet er eerst een tent overheen en wordt er gas ingespoten om termieten te doden. Deze beestjes eten hout en kunnen erg veel schade aanrichten. Ik moest dus iets vinden waar we nog zeker een week konden logeren. Tijdens dit Labor Day weekend met de kerk stond ik met vrienden te praten, terwijl hun kleine kinderen in het speeltuintje op de schommel zaten. Zij waren pas verhuisd en woonden nu twee uur rijden ten zuiden van Salinas. Hun huis stond te koop en ieder weekend moesten ze terugkomen om water te geven en het gras te maaien. Zij vroegen hoe het ging met mijn verhuizing en ineens realiseerden wij ons dat ik een huis zocht voor een week en dat zij een leeg huis hadden. Ik kreeg de sleutel en instructies voor het water geven. Wat kwam dat goed uit!

De zomervakantie was om en de eerste dag van het nieuwe schooljaar zou beginnen. Voor de kinderen was het een gek gevoel, want na twee weken zouden wij naar Nederland gaan. Nadat ik de twee oudsten naar school had gebracht en weer thuiskwam, begon voor mij het inpakken en het stapelen van dozen. Dus weer bukken en tillen.
Op vrijdagochtend toen David en Ellen al in de auto op mij zaten te wachten, raapte ik nog even iets op van de grond. En dat was blijkbaar de druppel die de emmer deed overlopen. Ik ging op een vreselijke manier door mijn rug. Het leek net alsof ik in tweeën was gedeeld, alsof er geen verbinding tussen de boven- en onderhelft bestond. Ik viel op de grond en kon niet meer opstaan. Michael was al naar school gelopen en de andere twee konden mij niet horen. Ik kroop heel voorzichtig door de gang en in de keuken probeerde ik mij aan het aanrecht op te trekken. Dat lukte, maar ik had vreselijke pijn, want bij elke beweging liet een zenuw merken dat hij in de knel zat. Ik liep heel langzaam en voorzichtig naar de auto en daar zaten twee kinderen met vreselijk grote ogen. Ze begrepen er niets van. Ik had de grootste moeite met schakelen, want ik moest steeds de koppeling indrukken. We stopten eerst bij mijn chiropractor. Dan maar te laat op school komen. Na de behandeling ging het beter, maar bukken en tillen was uitgesloten.

In het Bijbelboek Handelingen der Apostelen, in het tweede hoofdstuk, staat iets beschreven over de eerste gemeente, het begin van de kerk. Er staat dat de eerste Christenen hun bezittingen verkochten en alles met elkaar deelden. Dat is vergeleken met de tegenwoordige tijd erg extreem. Maar iets daarvan kun je wel terugvinden in de diverse kerken waar ik lid van geweest ben. Maar dat komt ook, omdat wij niet alleen een uur in de kerk zitten en dan naar huis gaan. Er is zondagsschool voor kinderen en volwassenen en gedurende de week zijn er bijbelkringen bij mensen thuis. Zo blijf je in contact met veel mensen. Ik liet weten dat ik op zaterdag 8 september ging verhuizen en meteen was er een groep mannen die wilde helpen.

Het was een rare verhuizing waarbij ik zelf niets kon doen. Ik stond stokstijf en moest alles aanwijzen. Ik voelde me daar heel vervelend over. Dit is een goed voorbeeld voor mensen die denken dat als je Christen wordt, je geen problemen meer hebt.

De verhuizing was achter de rug en alles zat in de berging. Wij zaten met acht koffers in een huis van vrienden dat te koop stond. Alles was heel erg netjes en moest netjes blijven. Mijn rug was nog lang niet goed en we hadden nog niemand voor de hond. Op vrijdag 14 september zou de overdracht plaatsvinden en maandag zouden we naar Nederland gaan. Mijn zenuwen stonden gespannen en ik weet nog dat ik tegen de kinderen uitviel. Dat was niet goed. Het is zo moeilijk op God te vertrouwen als je de oplossing nog niet weet. Maar dit is wel wat het woord 'geloof' betekent. Als je namelijk de uitkomst al weet, hoef je niet meer te geloven.

De overdracht op vrijdag ging door. Ik moest grote bedragen verhandelen, belangrijke zaken die ik nog nooit gedaan had. Ik was er de hele dag mee bezig. De volgende dag brak aan en we hadden nog steeds onze hond. Hoe moest het nu? Als je zo leeft, bid je veel, dat is zeker. 's Middags belde een vriendin van de kerk.

"Hebben jullie al iemand voor de hond?"

"Nee, nog niet, wil jij hem?"

"Nou, eigenlijk niet, want we hebben eens een hond gehad die vals was en nu is mijn man bang voor honden."

"O, maar onze hond is heus heel goed, zeker met jullie drie kinderen."

Ik bleef eerlijk, maar wilde wel de hond zo goed mogelijk aanprijzen. Ze zwichtte en zei:

"Oké, ik kom hem zo halen."

Wat een moment, een last viel van mij af. De kinderen waren bij hun vader, dus die konden geen afscheid nemen van Rocky. De vriendin kwam met haar grote stationwagon waar we Rocky met veel moeite in kregen. Ik geloof dat hij het door had. Ik gaf haar de riem en de voerbak en geld voor hondenvoer en vroeg haar waarom ze toch nog had gebeld. Ze zei dat ze de hele week al gevoeld had dat ze de hond moest nemen en na er voor gebeden te hebben, was het helemaal duidelijk geworden. Hoewel ze zelf bang was dat het geen succes zou worden, besloot ze toch te luisteren naar het kleine stemmetje in haar hart.

Toen ze wegreed heb ik iets vreemds gedaan, want toen Rocky mij aankeek door het zijraam, zwaaide ik naar hem en kreeg tranen in mijn ogen.

De volgende dag zaten we alle vier in de kerk en kon ik mijn emoties moeilijk in bedwang houden. Er was zoveel gebeurd en er stonden nog zoveel meer gebeurtenissen te wachten. Zouden de kinderen de scholen fijn vinden, zouden ze mee kunnen komen enz. enz.

Ik kan rustig zeggen dat het herhalen van een bijbelvers en het goed tot je laten doordringen ervan, echt hielp.

> 'Ik sla mijn ogen op naar de bergen, van waar komt mijn hulp?
> Mijn hulp komt van de Heer die hemel en aarde gemaakt heeft.'
> Psalm 121:1+2

18

Ons begin in Voorthuizen

Op Schiphol stonden Gerda en Ruud den Dulk met hun auto en aanhangwagen. Het was heel fijn hen weer na twee jaar te zien. We arriveerden om half drie 's middags in Voorthuizen en Gerda zei meteen:

"Eerst maar een kopje thee."

Ja, natuurlijk, ik wist dat ik weer echt terug was in Holland. Er is namelijk geen theetijd in Amerika.

Meteen na de thee gingen wij naar het dorp om te kijken naar fietsen, want dat zou ons enige transportmiddel worden. Deze fietsenwinkel had heel veel tweedehands fietsen te huur, maar financieel was het beter om ze te kopen en weer na zes maanden te verkopen. Het waren gewone simpele fietsen met terugtraprem. Ik koos mijn lievelingsmodel, de Omafiets met hoog stuur. De kinderen moesten gemeten worden en de eigenaar zou de fietsen voor hen uitzoeken. Hij vroeg of hij de fietsen de volgende dag kon afleveren, want hij wilde ze goed nakijken. Omdat ik nog geen Nederlands geld had, vroeg ik of ik ze later in de week kon betalen. Dat was prima. Wat heerlijk zo'n klein dorp!

Het huis stond helemaal in het groen met uitzicht op een golfbaan. We zaten aan de rand van het bos met veel fietspaden.

De volgende dag om twaalf uur, toen de kinderen nog sliepen (we waren 's nachts allemaal een tijdje op geweest), werden de fietsen gebracht. Die moesten meteen geprobeerd worden. De dynamo's waren het mooist, want die werden aangezet om te kijken of de lichten het deden. De fietsen in Amerika zijn speelfietsen. Er zitten geen spatborden op en ook geen dynamo's of bagagedragers met snelbinders en natuurlijk geen jasbeschermers en sloten. Wat heerlijk dat we zo door de bossen konden fietsen. We zaten midden in het vakantiegebied. Het was wel elke dag twintig minuten rijden voordat wij in het dorp waren en ik moest de kinderen diverse keren op het hart drukken dat brommers heel hard langs komen en dat ze keurig rechts moesten blijven rijden.

De kinderen hadden in Amerika mountainbikes achtergelaten en onderling geklaagd over de Hollandse fietsen. Zij dachten dat ze op school erg zouden opvallen. Toen wij, terwijl er school was, de MAVO opzochten en zij die zee van fietsen in de rekken bekeken, was hun angst verdwenen. Alle fietsen leken op elkaar. Er waren vierhonderd leerlingen en vierhonderd fietsen. Wat een verschil met hun eigen school. Daar kwam haast niemand op de fiets, wel rijdend over de stoep.

David en Ellen mochten naar de MAVO, maar er was één probleem. Ze moesten leren schooltassen hebben. Het hoofd van de school begreep wel dat ik die niet graag wilde aanschaffen. Hij bood aan om er naar te informeren bij de andere leerkrachten. Hij dacht dat er wel enkelen ergens op de zolder zouden liggen. Er was één voorwaarde: er mocht niet op geschreven worden.

Michael ging naar de zesde klas van de lagere school en mocht overblijven, omdat hij te ver weg woonde.

Nadat zij aan het tijdsverschil gewend waren, gingen ze naar school. De eerste ochtend bracht ik hen weg om zeker te weten dat ze het konden vinden. Ze kwamen opgetogen thuis met leren schooltassen en boeken. Die boeken moesten gekaft worden. Dat was een nieuw woord en iets dat zij in Amerika niet hoefden te doen. Ik had al kaftpapier gekocht en op de eettafel liet ik zien hoe je boeken moest kaften. Gelukkig was ik het nog niet verleerd; eigenlijk best een leuke bezigheid. Daarna lieten ze zien hoeveel huiswerk zij hadden. In Amerika had ik hen nog nooit geholpen, maar nu moest ik beslist elke avond helpen met het uitleggen van moeilijke woorden en tijdens de afwas (we hadden geen afwasmachine) overhoorde ik hen. Ik sta er nu nog versteld van hoe goed zij zich aanpasten. Michael leerde hoofdrekenen, wat bij ons geen vak is en hij zegt dat hij er nog steeds plezier van heeft.

Onze eerste bezoekers waren Ies en Marian Bos uit Wageningen. Terwijl wij aan de thee zaten en Ies zo eens rond keek naar de prachtige grote ramen met uitzicht, zei hij:

"Jij zult wel andere woorden gebruiken, maar ik vind dat je geluk hebt gehad." Hij had gelijk. Ik noemde het niet geluk. Bij geluk denk je aan kansen. Je kunt pech hebben of geluk. Dit huis met alle voordelen was ons door God gegeven.

Over het algemeen kunnen kinderen in Amerika niet zelfstandig hun vriendjes opzoeken. Er komt altijd een ouder en een auto aan te pas. In Voorthuizen daarentegen fietsten ze vaak mee uit school naar het huis van klasgenoten. Dan kreeg ik een telefoontje.

"Mamma, ik zit bij die en die, wanneer moet ik naar huis komen?"

"Als je er om half vijf weggaat, ben je nog voor het donker thuis." Dan moest, bijvoorbeeld, Ellen soms dertig minuten flink doorfietsen voordat ze thuis was, maar ze vond het heerlijk; die vrijheid en zelfstandigheid. Dan kwam ze binnen met rode wangen en rook helemaal naar de frisse lucht.

Wat ik zo leuk vond van een klein dorp is dat mijn kinderen de beroepen van de vaders van hun vriendjes leerden kennen. Michael speelde soms boven de winkel van een kledingzaak. Door een deur in de winkel gingen ze naar boven. David's vriend was een zoon van Bakker Kleyer. Jurriaan had ons eens de hele bakkerij laten zien. Ellen's vriendinnetje, Mariska Meerveld, woonde op een varkensboerderij. Ellen was er bij toen er biggetjes geboren werden.

Toen het koud begon te worden kwam mijn broer Boudewijn langs en bracht gebruikte winterkleding. Het werd één grote modeshow. Mutsen, dassen, wanten, warme sokken en ski-jacks.

Voordat de kinderen 's ochtends hun jassen aantrokken, legden ze alle wanten en dassen op de verwarming. Lekker warm ingepakt reden ze dan weg, soms was het nog donker. Allemaal nieuwe ervaringen voor hen, maar waar ik mee opgegroeid was. Het ging precies zoals ik het verlangd had.

Waar we wel heel erg op zaten te wachten was sneeuw en ijs. Wat zou het heerlijk zijn als ze konden schaatsen. Ik hoorde van vrienden dat ik er niet teveel op moest rekenen. Er waren wel eens winters waarin niet geschaatst kon worden. Maar ik bleef hopen.

Eén van de hoogtepunten was mijn verjaardag in november. Het was voor het eerst dat ik met mijn verjaardag in Nederland terug was. Er kwamen veel vrienden, die met mij in de leiding van de kinderdiensten in Voorburg hadden gezeten. Gedurende de avond ontstond het idee om een grote reünie te houden van alle mensen die ooit in de leiding gezeten hadden. We zouden het begin februari 1991 in 'Het Kruispunt' houden. En omdat ik geen baan had, bood ik aan om het te organiseren. Hilde Prins-van Selm, Louise ten Haave-Visser en Gerda den Dulk-Ouwendijk zouden helpen.

Vanaf dat moment was ik bezig met de reünie, maar tot dat moment genoot ik intens van het rustiger leven. Ik kwam helemaal bij van alle spanningen en drukte van de afgelopen jaren. Ik zat heerlijk lang in mijn ochtendjas met mijn voeten op de verwarming naar buiten te kijken of de krant te lezen. Het was er heel stil zo midden in de natuur.

Ook ging ik op naailes. Het was een gezellige groep vrouwen en ik kon het meteen goed vinden met de lerares, Lydi Looy-Vos. We hadden contact gehouden via kerstbrieven en in 2004 zag ik haar weer terug.

Een ander hoogtepunt was het Sinterklaasfeest. De kinderen waren uitgenodigd om dit bij de familie van Cees in het Westland te vieren. Dat was een uitdaging voor hen. Het ging niet alleen om het kopen van cadeautjes, maar er moesten ook surprises en gedichten gemaakt worden. Bij de HEMA kocht ik een boekje met rijmwoorden en er werd gretig gebruik van gemaakt. Wat een plezier! De oude herinneringen kwamen boven. Ik stond er versteld van hoe aardig de gedichten eruit zagen. En dit alles zonder mijn hulp. Het Sinterklaasfeest was een groot succes. Dat zullen ze hun hele leven niet meer vergeten.

In Amerika zijn de Kerstdiensten op 24 december en de volgende dag zit iedereen thuis cadeautjes open te maken die onder de kerstboom liggen. Wij hadden toch een klein kerstboompje genomen en er lagen ook cadeautjes onder. Wat dat betreft zijn wij veramerikaniseerd. Maar wij gingen natuurlijk wel met Kerst naar de kerk. Wat was het heerlijk voor mij om de traditionele kerstliederen te zingen en aan het eind het 'Ere zij God' met begeleiding van het prachtige orgel. De tranen liepen over mijn wangen.

Ik was het vergeten, maar er gebeurde iets dat de kinderen heel erg opviel, namelijk, zodra de dominee met zijn preek wilde beginnen, zocht iedereen naar hun rol pepermunt en kon je door de hele kerk het geritsel en het scheuren van papier horen. Dat was zo opvallend. Ellen zei:

"Het leek net of er een startsein afging en iedereen het moest doen."

Ik weet nog dat ik het vervelend vond voor ds. Van Opstal, want hij stond echt duidelijk te wachten totdat het stil werd.

Toen het kerstvakantie was, mocht Ellen bij mijn schoolvriendin Marjo Reincke logeren, want haar dochter Cathelijne was net zo oud als Ellen. Toen Marjo haar terug kwam brengen, zei Ellen:

"We hadden elke middag een 'tea party', dat moeten wij ook gaan doen." Ze had dat zo gezellig gevonden.

Nog een hoogtepunt was oudejaarsavond. Maar eerst fietste ik 's middags langs de bakker die buiten onder een zeil oliebollen stond te bakken. Gauw trapte ik op de rem, draaide om, kocht een zak vol en kwam opgetogen thuis.

"Jongens, dit eet je nu altijd op Oudejaarsdag, dat is traditie." Mijn moeder bakte ze zelf. Dan moest de kom met beslag met een doek erover voor de kachel. Dat was om het beslag te laten rijzen.

Om elf uur 's avonds stapten wij op de fiets en reden naar het dorp. Ik had toestemming van de slager gekregen om onze fietsen achter zijn winkel te zetten. We wilden namelijk naar de kerstboomverbranding gaan kijken. Precies om twaalf uur ging al het vuurwerk af. De eigenaar van het Chinese Restaurant had het meeste vuurwerk. Er was een hele ketting, die maar bleef klappen. Bij ons is vuurwerk verboden, dus dit was heel bijzonder en opwindend.

Tot nu toe had het nog niet echt gevroren. Soms wel eens 's nachts, zodat er ijs over de plassen lag. We keken elke avond naar het weerbericht, maar de wind bleef uit het westen komen.

Ik ben vergeten over de kerstrapporten te vertellen. Zonder te willen opscheppen vind ik het toch belangrijk om te laten zien hoe kinderen zich aanpassen en er iets goeds van weten te maken. Ik had zelf niet gedacht dat het mogelijk was om zulke mooie cijfers te halen. Het was een kroon op hun harde werken. Ik had wel in september op de MAVO gevraagd of David en Ellen geen Frans en Duits hoefden te nemen. Dat werd goed gekeurd, want het hoofd van de school begreep wel dat de kinderen meer tijd nodig hadden voor de overige vakken.

19

Verschil in kerken

Als ik vrienden vertelde dat de Gereformeerde Kerk in Voorthuizen elke zondag vol zat, was hun reactie dat dat kwam door de locatie, namelijk de Veluwe. Over het algemeen had ik gelezen en gehoord dat de traditionele kerken in Nederland leeglopen.

In Californië heb ik ervaring met vier kerken en deze groeiden allemaal. Mijn eerste kerk in Salinas liet een nieuw kerkgebouw met 1500 zitplaatsen bouwen. Mijn tweede kerk in Los Osos kreeg ook meer leden en daar gingen zij van twee naar drie diensten op zondagochtend. Mijn kerk in San Luis Obispo trekt erg veel jonge gezinnen en is ook van twee naar drie diensten gegaan. Mijn huidige kerk in Pismo Beach heeft ook drie diensten. Dat is niet gemakkelijk voor de dominee, maar de enige oplossing. Hoe komt het dat de ene kerk leegloopt en de andere juist groeit?

Ik zocht in Kramers Woordenboek het woord 'boodschap' op. Na het 'doen van inkopen' stond er: de Blijde Boodschap, het Evangelie. Er zit actie in het woord 'boodschap'. Je moet er iets mee doen. Je gaat iets halen of je komt iets brengen. Over de jaren heb ik van diverse dominees geleerd dat je een keuze moet maken. In kerken waar de Blijde Boodschap wordt verkondigd, wordt ook meestal gestimuleerd om je aan te sluiten bij een kleine groep, of groeigroep. Die komen bij ons elke week bij elkaar en zijn zeer belangrijk voor het groeien van een kerk. Als jouw ouders Christenen zijn, wil dat nog niet zeggen dat jij ook automatisch een Christen bent. God heeft geen kleinkinderen. In Lucas 11: 9 en 10 zegt Jezus dat je zelf die eerste stap moet zetten:

'Daarom zeg ik jullie:
vraag en er zal gegeven worden,
zoek en je zult vinden,
klop en er zal voor je worden opengedaan.
Want wie vraagt ontvangt, en wie zoekt vindt,
en voor wie klopt zal worden opengedaan'.

Wat een belofte, daar straalt zekerheid vanuit. Het bijzondere is dat je mag komen zoals je bent. Je hoeft niet eerst perfect te zijn.

20

Toch misschien schaatsen en sneeuw?

Het einde van ons verblijf in Nederland kwam dichterbij. Maar eerst was er nog de grote reünie van de kinderdiensten in 'Het Kruispunt'. Er kwamen heel veel mensen en daardoor was het een groot succes.

Eindelijk ging de wind draaien en werd het kouder. We volgden gespannen het weerbericht. Zou er geschaatst kunnen worden? Ik leende een paar schaatsen en huurde er ook nog een paar. De oudsten kwamen thuis met de mededeling dat de schaatsen naar school moesten, want in plaats van gymnastiek ging de hele klas naar de ijsbaan. Dit was een ondergelopen stuk land met een schuur waar je warme chocolademelk kon drinken. Ik hield Michael die dag thuis. Ik wilde hem graag apart al wat les geven op de schaats. Wij zochten een klein slootje. Hij begon eerst heel voorzichtig erop te lopen. Daarna met meer zekerheid en toen riep hij:

"Ik ben net als de Here Jezus, ik loop op water."

Ik liet hem zien hoe je kon glijden en daarna bond hij de schaatsen onder. De les kon beginnen. Dit was zijn eerste ervaring op ijs.

's Middags gingen wij samen alvast naar de ijsbaan. We waren net op tijd om Ellen's klas te zien arriveren. Keurig twee aan twee met de leraar voorop. Ik vond dat een prachtig gezicht. De zon scheen zelfs een beetje. David was er ook bij. Ik was zo blij dat ze toch konden schaatsen. Het bleef vriezen. Mijn broer ging met vakantie en bood zijn auto voor twee weken aan. Op woensdagmiddag zouden we naar Vledder in Drenthe gaan. Daar woonde mevrouw Van Vliet die met mijn vader op het Kerkelijk Bureau in Voorburg had gewerkt. Maar eerst stopten we in Giethoorn. Daar schaatsten we op de slootjes en onder de bruggetjes door. Maar toen wij op een groot meer kwamen, moesten we snel omkeren omdat het veel te koud was.

In Vledder aangekomen werden wij met bezorgdheid door mevrouw Van Vliet binnen gehaald.

"Jongens, was het niet te koud om te schaatsen? Hier zijn extra truien."

Ze bakte snel pannenkoeken met gebruik van twee pannen en toch kon ze de kinderen niet bijhouden. Daarna deden we spelletjes. David schaakte met meneer Van Vliet.

Tijdens de krokusvakantie kwam Cathelijne (dochter van mijn vriendin Marjo) bij ons logeren. Wonder boven wonder begon het hard te sneeuwen. Wij ontdekten een bevroren meertje waar heel veel sneeuw op lag. Daar hebben toen alle kinderen een hele dag gewerkt aan het bouwen van een sneeuwhut. Ik ging thuis eten en drinken halen en dat werd in de hut genuttigd. Wat een belevenis!

21

Tom, redder in de nood

Het was nu eind februari 1991 en tijd om terug te gaan. Hoewel het een geslaagd half jaar was geweest, snakte ik naar de zon en de kinderen naar hun eigen school. Ik werkte de halve nacht door om schoon te maken en die acht koffers weer in te pakken. De laatste koffer was heel groot en daar had ik lang over gedaan. Op de bazaar van de kerk had ik een aantal kleine kerstspulletjes gekocht. Die had ik heel precies ingepakt. Ik moest op de koffer gaan zitten om hem dicht te krijgen.

Gerda en Ruud kwamen weer met de aanhangwagen. Terwijl Ruud alles inlaadde, hielp Gerda nog met schoonmaken.

De Golfoorlog en Operation Desert Storm was begonnen en daarom werden wij ver voor Schiphol al aangehouden. De inhoud van de aanhangwagen moest gecontroleerd worden. Op Schiphol was de controle ook verscherpt. Mijn grootste koffer werd eruit gepikt en moest opengemaakt worden. Eerst vond ik het nog interessant, maar toen ze elk kerstspulletje dat in papier gewikkeld was, uitpakten, vond ik het minder leuk. Uiteindelijk vonden ze wat ze zochten: een kristallen kandelaar in de vorm van een ster. Blijkbaar leek het op een wapen (Ninja-ster) met punten, waar je mee kunt gooien. Daarna werd er doodleuk gezegd: "U mag het weer inpakken." Dat was het begin van mijn meest frustrerende en ellendige transatlantische vlucht.

Toen we al in het vliegtuig zaten, was er een oponthoud en konden we nog niet vliegen. Dus ook nog geen maaltijd, terwijl de kinderen honger hadden. Omdat we met de zon meevlogen, kwam er geen eind aan de dag. Ik wilde graag slapen, maar kan dat slecht zittend. De kinderen wilden helemaal niet slapen. Zij wilden de film zien en ik zat gewoon niet lekker in mijn vel. Een uur voordat we zouden landen op Vancouver vielen ze eindelijk in slaap. Even later ging het 'fasten seatbelts' lampje aan en moest ik ze wakker maken.

Daarna nog even naar San Francisco. Toen we daar aankwamen, duurde het een hele tijd voordat we door de douane waren. Ik was helemaal aan het eind van mijn Latijn. Met alle acht koffers op twee karretjes liepen we naar buiten om de bus naar Salinas te nemen. Hoewel het pas 17:30 uur was, was de laatste bus al vertrokken. Wat moest ik nu doen. Een trein reed er zeker niet, dat wist ik. Toen dacht ik aan Tom van de Bijbelkring. Ik kende zijn nummer uit mijn hoofd en belde hem. Hij was thuis!

"Tom, ik sta hier op het vliegveld van San Francisco en..."

"Is dit Annelies? Zijn jullie al terug?"

"Tom, ik heb de laatste Greyhound bus gemist. Heb jij iets vanavond?"

"Ja, nu wel. Ik ben er over twee uur."

O, wat heerlijk, we zouden opgehaald worden. We gingen terug de hal in waar een groep makkelijke stoelen stonden. Ik zette alle koffers om mij heen, gaf de kinderen geld voor de automaten en toen heb ik iets gedaan, waar ik mij nu nog voor schaam, maar ik kon het niet helpen. Ik legde mijn handtas op de armleuning en met mijn hoofd erop, viel ik in een diepe slaap. Ik, die altijd mijn kinderen overal in de gaten hield, sliep, terwijl zij op een internationaal vliegveld rondliepen.

Twee uur! later werd ik met een schok wakker. Wat had ik gedaan? Waar waren de kinderen? Die kwamen gauw aanlopen.

"Jongens, wat hebben jullie gedaan?"

Ze hadden zich best vermaakt, ongelofelijk.

Tom zou er zo zijn en dat was ook zo. Wat een man, die zo voor ons in de auto gesprongen was. Alles werd ingeladen en ik dacht dat de kinderen op de achterbank in slaap zouden vallen. Weer mis. Die gingen zich juist misdragen. Ze maakten ruzie en ik voelde mij erg opgelaten. Het was wel te begrijpen, ze waren helemaal doorgedraaid. Na anderhalf uur stopte Tom bij een McDonalds. Dat was precies wat we nodig hadden. Na gegeten te hebben, vielen ze vlak voor Salinas in slaap. Ik zette de kinderen af bij Cees en ging door naar een vriendin. Ik kon Tom niet genoeg bedanken. Wat een redder in de nood!

22

Het vinden van woonruimte en werk

De volgende ochtend na het ontbijt keek ik meteen in de krant naar huizen te huur in Salinas Zuid. Die dag stond er niets in dat geschikt voor ons was, maar in tegenstelling tot 1984 raakte ik niet in paniek. Dit keer lag het heel anders. Ik wist dat er ergens een huis op ons stond te wachten. Daar had ik het volste vertrouwen in. Als we een kind van God zijn mogen wij ons geen zorgen maken.

Zoals in Matteüs 6:31-34 –

> 'Vraag je dus niet bezorgd af: "Wat zullen we eten?" of: "Wat zullen we drinken?" of: "Waarmee zullen we ons kleden?" - dat zijn allemaal dingen die de heidenen najagen. Jullie hemelse Vader weet wel dat jullie dat alles nodig hebben. Zoek liever eerst het Koninkrijk van God en zijn gerechtigheid, dan zullen al die andere dingen je erbij gegeven worden. Maak je dus geen zorgen voor de dag van morgen, want de dag van morgen zorgt wel voor zichzelf. Elke dag heeft genoeg aan zijn eigen last.'

Na een paar dagen stond er een huis in de krant dat niet vrijstaand was, maar één van twee onder één kap. Ik belde meteen en maakte een afspraak. Het zag er aardig uit en stond al leeg. Een klusjesman was bezig met het verven van de binnenmuren. Beneden waren de eetkamer, keuken, woonkamer en toilet. Boven drie slaapkamers en een badkamer. Ik zag meteen dat Ellen en ik de grote slaapkamer konden delen. Ik ging mee naar het kantoor om het contract te tekenen. Ik had eerlijk verteld dat wij een grote hond hadden en gelukkig bleek dat geen probleem te zijn. Het was een makelaar die als tussenpersoon fungeerde en meteen met de eigenaar belde:

"Ik heb een huurder; het is een alleenstaande vrouw met drie kinderen, 13, 12 en 11 en een grote hond, maar ze is Hollandse, dus je weet dat ze heel schoon is. De vrouwen in Holland schrobben toch altijd hun stoepje voor het huis!

Toen ik dat hoorde, moest ik een schaterlach onderdrukken. Hij legde de hoorn neer en zei:

"Je mag het huren."

Dat was een wonder. We konden er na een week al in.

Er was weer een ploegje mannen van de kerk dat mij hielp om alles uit de berging te halen. De kinderen brachten hun eigen dozen naar hun nieuwe kamers.

Aan het eind van de middag stapten we in de auto en reden naar de mensen die op Rocky gepast hadden. Vanuit Nederland had ik hen geschreven en nooit antwoord ontvangen. Ik wist dus niet of het een succes geweest was. Ze woonden buitenaf en hadden een flink stuk grond om hun huis. We kwamen aan en parkeerden op de oprit. Ik vroeg de kinderen in de auto te wachten, omdat ik wilde weten of Rocky mij nog herkende.

Terwijl ik uitstapte zag ik de vader, met een Amerikaanse voetbal onder zijn arm, en de drie kinderen met Rocky naar de achtertuin lopen. Ze zagen mij niet, maar Rocky draaide zich om en blafte even, voordat hij snel de kinderen volgde. Toen riep ik heel hard:

"Rocky!!!, kom eens bij het vrouwtje."

Meteen draaide hij zich om en rende als een pijl uit een boog op mij af. Hij wist niet hoe hard hij in het rond moest draaien, terwijl hij jankte van plezier. De kinderen kwamen er ook bij en het werd één kluwen van hond en kinderen. Mijn vriendin, die ook aan kwam lopen, kreeg tranen in haar ogen. Het was een prachtig weerzien. Nu moest ik weten hoe het met Rocky en haar man was gegaan. Al meteen vanaf het begin was Rocky een binnenhond geworden (bij ons was hij een buitenhond vanwege mijn allergieën). Haar man lag 's avonds wel eens op een kussen op de grond televisie te kijken. Op een avond was hij in slaap gevallen en werd midden in de nacht wakker met Rocky's kop op zijn borst. Vanaf dat moment was hij van de hond gaan houden. Later hoorde ik dat ze weer een hond genomen hadden, omdat het met Rocky zo goed gegaan was.

De kinderen hadden de autodeur open laten staan en toen Rocky dit zag, sprong hij op de achterbank en zat in het midden waar hij altijd zat en was er met geen mogelijkheid meer uit te krijgen. Het was duidelijk: hij ging weer naar huis.

Onze nieuwe achtertuin, die op het zuiden lag en aan een straat grensde, had een hoog hek van ijzerdraad. Toen ik Rocky de volgende dag uitliet en langs die straat liep, keek ik door het gaas naar onze achtertuin. Ik ontdekte dat wij als enigen een tuin hadden zonder grote bomen. Alle andere tuinen in het rijtje kregen geen zon, maar wij wel. Toen ik dat zag was ik zo blij.

'Dank U Heer, voor dit huis. U weet dat ik niet zonder zon kan.' Na thuiskomst zette ik een kopje thee en ging achter de glazen schuifdeur, in de zon, tussen de dozen genieten van mijn thee en de rust. Mijn hart stroomde over van dankbaarheid.

Na een paar weken stond alles op zijn plaats en waren we gewend aan het nieuwe huis. Ik dacht nog vaak met weemoed terug aan het kleine dorp Voorthuizen, waar we overal met de fiets naar toe konden en waar ik niet hoefde te werken. Nu moest er weer gewerkt worden. Ik was al hostess van mijn Welcome Service, maar dat bracht niet genoeg op.

Op een dag ontmoette ik een kennis die vertelde dat ze als demonstratrice in supermarkten werkte. Je werkt niet voor de winkels, maar je bent in dienst van verschillende bedrijven, die zich specialiseren in het uitzenden van mensen die bepaalde producten promoten. Ik kreeg van haar verschillende telefoonnummers en zo begon ik aan werk dat ik nog nooit gedaan had. Ik moest een inklaptafel met tafelkleed aanschaffen en ook een elektrische koekenpan, en meteen stond ik elke vrijdag en zaterdag in winkels allerlei producten aan te prijzen. Het was leuk werk, want vaak moest je de mensen iets laten proeven. Het is een paar keer voorgekomen dat Cees en de kinderen op een zaterdag toevallig langs mijn tafel kwamen. Dat was een verrassing.

23

Kunnen wij weer wennen na Voorthuizen?

Salinas ligt aan de rand van de Salinas Vallei die bekend staat om de ijsbergsla die daar op zeer grote schaal verbouwd wordt. Alle veldwerkers komen uit Mexico, dus Salinas telt een groot aantal Mexicanen. Er zijn twee bendes die elkaar bestrijden, vandaar dat de misdaad in de stad groot is. Deze conflicten komen ook op de openbare middelbare scholen voor.

Daarom vond ik het beter voor David om naar een kleine privé school te gaan. Dus in september begon hij op Palma High School, een katholieke jongensschool. Het was duur, maar Cees hielp mee met het schoolgeld. Er waren geen Protestantse scholen in Salinas. Het volgende jaar bood ik Ellen aan naar de katholieke meisjesschool te gaan, maar ze wilde niet in hun schooluniform lopen, dat bestond uit een witte bloes en geruite plooirok. Jaren later gaf Ellen toe hier spijt van gehad te hebben.

In september 1992 ging Ellen dus naar Salinas High School en ik vond dat helemaal niet prettig. Een gevoel van onrust en ontevredenheid kwam over mij. Ik ging alles eens op een rijtje zetten.

Het huis was fijn, maar de tussenmuur was erg dun. Onze buurman had de hele dag harde muziek aan staan en de 'base' dreunde door. Dan was er ook iets gaande in onze kerk dat ik niet prettig vond. Wat er precies aan de hand was, wist ik niet, maar een grote groep mensen vertrok naar een andere kerk.
Het werd een heel rijtje:

- Hoge misdaad in Salinas
- Onveilige school
- Luidruchtige buren
- Een kerk die uit elkaar viel
- En als laatste, het verlangen naar een kleinere woonplaats

Ik had hier natuurlijk al diverse malen voor gebeden, want ik zag zelf geen oplossing. Hoewel ik in Salinas mijn eigen welkom dienst had, zag ik er tegenop om dat ergens anders op te bouwen.

Een maand nadat Ellen op Salinas High School begonnen was, viel mijn oog op een kleine advertentie in de krant. Ik kon doorzichtige plastic dozen kopen die op een toonbank naast de kassa geplaatst konden worden. Bovenop is een bakje met een gleuf voor de kwartjes en beneden kun je zo een stukje chocola, verpakt in papier, eruit halen.

Het werkt op het 'honor system', dus op de eerlijkheid van de mensen. Op de voorkant van de doos zat een sticker met de naam van het goede doel, waar een deel van de opbrengst naartoe zou gaan. Ik reageerde op de advertentie en kocht een aardig aantal van die dozen. Nadat ze afgeleverd waren, werd ik lid van een vergelijkbare Makro om snoep in het groot in te kopen. Daarna vulde ik alle dozen en wachtte ik op de man die mij zou helpen met het plaatsen. De dozen stonden in een lange rij in de gang langs de muur.

De mogelijkheid om te verhuizen liet mij niet los. Op een dag zat ik in de eetkamer en door een opening naar de gang, keek ik naar die rij snoepdozen en ineens wist ik het. Als deze dozen in Salinas geplaatst konden worden, dan zou dat ergens anders ook kunnen. We konden dus toch misschien verhuizen.

Nadat alle dozen in Salinas geplaatst waren, moest ik ze nalopen om de kwartjes eruit te halen en snoep erin te doen. Het liep vrij aardig.

Toen ik wist dat dit systeem een inkomen gaf, zette ik de volgende stap. Het vinden van een plaats waar wij wilden wonen.

Op een dag opende ik de kaart van Californië en begon in Salinas. Er loopt een snelweg door de stad, de 101, en die volgde ik naar het noorden, richting San Jose en San Francisco. Ten eerste wordt het daar zomers heet en ten tweede zijn de huizen een stuk duurder. Dus ging ik met mijn vinger langs de 101 naar het zuiden door de Salinas Vallei. Het verbaast iedereen dat het weer in Salinas eigenlijk nooit heet is, maar zodra je naar het zuiden rijdt, is dat wel anders. Ik sloeg de kleine plaatsjes over en kwam bij de grotere plaats Paso Robles. Daar is het zomers heel erg heet, dus ging ik met mijn vinger verder en kwam bij Atascadero, waar het zomers ook heet wordt. De volgende plaats was San Luis Obispo. Dat heeft een milder klimaat, terwijl het nog geen twintig minuten ten zuiden van Atascadero ligt.

San Luis Obispo leek mij wel wat. Ik schreef de Kamer van Koophandel en ontving van hen een dikke envelop met alle gegevens die ik nodig had. Het klimaat was dus aangenaam en de criminaliteit erg laag. Het stadje telde 44.000 inwoners, waarvan 17.000 studenten van de Agrarische en Technische Universiteit. Salinas telde 144.000 inwoners. Het werd dus tijd dit plaatsje te gaan bekijken. Ik herinner mij de dag nog erg goed. Het was zaterdag 31 oktober en dus Halloween. De kinderen waren bij Cees en ik ging meteen om negen uur met Rocky in de auto op weg. Het gaf een goed gevoel, want ik ging op onderzoek uit. De rit duurde twee uur en een kwartier. In het begin zie je alleen maar velden met ijsbergsla langs de kant van de grote weg, met in de verte heuvels. Er is ook nog een stuk dat een soort niemandsland is. Het is eigenlijk erg eentonig, want je blijft op dezelfde grote weg waar weinig auto's rijden.

Bij San Luis Obispo nam ik de afslag en parkeerde in het centrum. Ik vond het meteen een heel gezellige binnenstad. Na een krant gekocht te hebben, zat ik op een terrasje met een kopje koffie te zoeken naar huizen te huur. Die waren een stuk duurder; daar schrok ik wel van. Er was er één in mijn prijsklasse en daar wilde ik langs rijden. Ik parkeerde voor het huis en stapte uit om de voorkant te zien. Het lag aan een drukke weg en zag er erg vervallen uit. Dat was dus niets. Ik wist nu dat San Luis Obispo te duur voor mij was. Wel heel jammer, want de sfeer die daar hing vond ik geweldig. Het deed mij aan Wageningen denken.

Een paar dagen later ging ik lunchen met een vriendin die in San Luis Obispo gewoond had. Haar drie kinderen hadden daar op de Universiteit gezeten. Ik vertelde dat die stad voor mij te duur was. Zij raadde mij aan het dorp Los Osos te bezoeken. Het ligt twintig minuten van San Luis Obispo aan een baai vlakbij de oceaan. De huren zijn daar lager. Dat gaf mij nieuwe moed.

Ik ging er dus weer op uit; dit keer naar Los Osos. Er waren twee grote kantoren die lijsten met huurhuizen hadden. De adressen waren heel makkelijk te vinden. Bijna alle straten hadden nummers in plaats van namen. De huurprijzen waren inderdaad lager, zelfs lager dan in Salinas. Maar steeds stond erbij 'geen hond' of 'kleine hond toegestaan'. Rocky woog 45 kilo, dus niet bepaald een kleine hond. Ik reed teleurgesteld terug, maar wist wel waar ik wilde wonen.

Tussen Los Osos en Morro Bay, een stadje ten noorden meteen aan de oceaan, is een 'State Park' waar je kunt kamperen. Toen de

kinderen paasvakantie hadden, zijn wij daar een week gaan kamperen. De High School in Morro Bay, waar de leerlingen van Los Osos ook naartoe gaan, had juist die week school. Dat kwam goed uit voor ons, want we wilden graag een rondleiding. We maakten een afspraak en een decaan liet ons de school zien. Op een gegeven moment stonden wij in één van de gangen met aan weerskanten 'lockers', hoge smalle ijzeren kasten waar iedere leerling zijn spullen in kon doen. De gangen waren veel breder dan in Salinas High School. De decaan zei dat de bel zo zou gaan en dat de leerlingen uit de lokalen zouden komen.
Ik zie nog Ellen's gezicht voor me. Ze werd meteen zenuwachtig en verwachtte in het gedrang van de leerlingen te komen. De bel ging, de deuren gingen open en heel rustig liepen de leerlingen naar hun lockers om er boeken voor de volgende les uit te halen. Er was geen gedrang en geduw. Dat gaf voor Ellen de doorslag.

David was er niet voor om te verhuizen. Hij dacht dat zijn privé school beter was dan een openbare school. Ik vroeg hem er zelf voor te bidden. Ik had zo'n vertrouwen in de hele situatie, dat ik wist dat het goed zou komen. Een paar dagen nadat wij terug waren van het kamperen, stonden David en ik in de keuken.

"Mamma, ik ben van gedachten veranderd. Ik wil ook graag verhuizen."

"O, wat heerlijk."
Nu moest ik nog met hun vader spreken. Die begreep waarom ik weg wilde. Hij stelde voor om de kinderen soms een weekend te laten komen en niet meer elke zaterdag. Hij had nog steeds die vouwwagen en kon ook bij ons in de buurt komen kamperen.

Alles leek goed te gaan, behalve het vinden van een huis. Iedere keer als ik naar Los Osos ging, nam ik een paar snoepdozen mee, die het niet zo goed deden, en plaatste die in Los Osos.
Er staat in Hebreeën 11:6 –

> 'Zonder geloof is het onmogelijk God vreugde te geven;
> wie hem wil naderen moet immers geloven dat hij bestaat,
> en wie hem zoekt zal door hem worden beloond.'

Daar legde ik een 'claim' op. Daarom schreef ik de eigenaar van mijn huis en liet hem weten dat ik per 31 juli de huur opzegde. Een bevriend echtpaar van mijn kerk, Jim en Linda Bass, met hun jongens zouden helpen met de verhuizing. Eind juli was ik nog in Los Osos en pleitte bij de kantoormanager. Ik zei dat Rocky een buitenhond zou zijn.

"Ja, dat zeggen ze allemaal, maar dat wordt niet volgehouden." We hadden dus geen huis en moesten eruit. De kinderen konden bij Cees logeren en ik bij Linda en Jim. Snel huurde ik een berging. Wat een extra werk, wat jammer!

24

Toch een woning in Los Osos!

Meteen na het weekend ging ik weer naar Los Osos. Toen vond ik wel een woning waar de hond toegelaten werd. Het was een vrijstaand huis, zoals ze bijna allemaal in Los Osos zijn. Het lag vlakbij de baai en een natuurreservaat waar ik de hond heel fijn kon uitlaten. Alles was op de begane grond en er was een flinke achtertuin met alleen maar duinzand. Ik besloot in de woonkamer te gaan slapen, zodat de kinderen ieder hun eigen slaapkamer hadden. Vanuit de woonkamer kon je net een streepje oceaan zien en als het doodstil was, hoorde je het ruizen van de zee. Dit huis was prima geschikt voor ons.

Ik huurde weer een U-Haul, (een verhuisauto waar je zelf je spullen mee verhuist) en alles werd weer uit de berging gehaald.
Russ en Katie Lambert die in mijn zondagsschool klas in Salinas gezeten hadden, woonden in San Luis Obispo. Russ had een vriend van zijn kerk, Grace Church, gevraagd om te helpen met het uitladen van de verhuiswagen. Jim en Linda hielpen ook weer.

Toen wij in Los Osos aankwamen, stonden Russ en zijn vriend ons op te wachten. Met z'n allen werd alles snel naar binnen gebracht. We hadden weer een garage en die kwam vlug vol te staan. Jim en Linda reden de U-Haul terug en Russ en Kevin gingen ook weer naar huis. Ik was hen heel dankbaar voor al hun hulp. Het maakt niet uit hoe vaak je verhuist, het blijft een heel vermoeiende klus. Maar het feit dat we weer een huis hadden, was zo fijn. Ik voelde wel zoiets van 'daar gaan we weer', want we kenden helemaal niemand in Los Osos.

Rocky moest uitgelaten worden, dus liepen we ons straatje uit waar de Elfin Forest begint met een wandelpad van los zand tussen dwergeiken. Plotseling keken wij uit over de baai. Wat een prachtig uitzicht! Deze baai veranderde steeds naar gelang het eb of vloed was. Bij eb lag het bijna droog en was het een watervogel paradijs. Dat was dus heel fijn om er zo dichtbij te wonen. Maar we moesten weer terug, want er lag nog een heleboel werk op ons te wachten.

De volgende dag toen de kinderen nog sliepen, ging ik met de fiets naar de kerk die nog geen halve kilometer van ons huis vandaan stond. Het was een fijne dienst en een prettige dominee, dus besloot ik de volgende zondag weer te gaan. In september maakte ik een afspraak met dominee Ron Fay om hem beter te leren kennen en hij mij. Hij vroeg niet wat mijn werk was, hij vroeg alleen of ik parttime werkte. Ik had hem zelf verteld dat ik gescheiden was. De kinderen had hij al eerder ontmoet. Aan het eind van het gesprek en nadat hij voor mij gebeden had, vroeg hij of ik even met hem mee wilde lopen naar de keuken. Hij deed twee kastjes open en pakte grote stevige papieren zakken.

"Okay, waar houden jullie van: pindakaas, cornflakes, jam, soep, spaghettisaus?"

"Ja, daar houden wij allemaal van."

Hij vulde de zakken tot de rand vol.

"Nu weet je waar het is; als je soms krap komt te zitten, moet je beslist jezelf helpen. De mensen die dit geven vinden dat heel fijn."

Met twee grote zakken kwam ik thuis en voelde nog de warmte van deze dominee. Geen vragen of ik iets nodig had, want ik zou nee gezegd hebben, maar gewoon doen.

Een paar maanden nadat de kinderen op Morro Bay High School begonnen waren (Michael klas 9, Ellen klas 10 en David klas 11) zei David:

"Mamma, ik had het niet verwacht, maar ik vind deze school beter dan Palma High School."

Na twee brugklassen is High School maar vier jaar. Het was fijn ze weer op dezelfde school te hebben.

25

Eerste Kerst in Los Osos

De bezoeken van de kinderen aan hun vader gingen heel goed. Ze zagen hem minder vaak, maar als zij bij hem waren, dan bleven ze langer. Om Cees te helpen hadden wij op een plaats halverwege de rit afgesproken en kwam hij ze daar halen. Zo ook tijdens de Kerstdagen, toen zij een week bij hem in Salinas gingen logeren. Normaliter kan ik heel goed alleen zijn, maar dit keer was het anders. Het hielp natuurlijk niet dat ik nog weinig mensen kende en de vrouwen die ik op zondags in de kerk had leren kennen, gingen naar familie of kregen familie te logeren. Ik zat in een echte dip.

Met het laatste hout maakte ik de open haard aan en ging daar dichtbij zitten. Dat hielp een beetje; ik heb altijd van vuur gehouden. De volgende dag ging ik erop uit om hout te sprokkelen. Er waren genoeg dode takken te vinden die in de achterbak pasten. Zo had ik elke avond genoeg voor een haardvuur.

Toch zat ik op een avond in het vuur te staren, toen er een golf van eenzaamheid over mij heen stroomde. Dat had ik nog nooit zo sterk gevoeld. Ik zat daar zo alleen, toen er op de deur werd geklopt. Ik schrok en vroeg door de deur heen wie daar was.

"Sharon Miller van de kerk."

Vlug opende ik de deur en zag haar staan met een zak in haar handen.

"God vertelde mij dat ik dit vanavond aan jou moest geven. Dag." Ze draaide zich om en verdween in het donker. Hier was ik erg van onder de indruk. Het is moeilijk te bevatten dat God, die zo machtig is, mij zag in mijn eenzaamheid en Sharon liet weten dat ik eenzaam was. En voor Sharon die luisterde en er op reageerde. Mijn hart stroomde over van blijdschap. Weg dip, weg eenzaamheid, ik voelde mij niet meer alleen.

Meteen ging ik weer voor het vuur zitten en opende de zak. Er zaten allerlei kleine spulletjes in, waaronder een prachtige, handgemaakte kaart en een klein, aardewerk potje voor lekker ruikende olie.

26

Ik, bejaardenverzorgster?

Begin juni 1995 slaagde David voor zijn High School diploma en gingen wij allemaal 's avonds naar de school waar de uitreiking plaats vond. Het was echt heel indrukwekkend, omdat er speciale muziek gespeeld werd, waarop de leerlingen in hun lange gewaden met cap, twee aan twee langzaam lopend binnen kwamen. Daarna was er een toespraak, gegeven door de leerling met de hoogste cijfers. Hierna werden een voor een de leerlingen bij naam genoemd en mochten zij naar voren komen om hun diploma in ontvangst te nemen. Later thuis vertelde David, waarom het zo lang duurde, voordat hij met ons mee naar huis kon. De leiding van de school was door ervaring wijs geworden en reikte nep diploma's uit. Iedere leerling die zich niet goed gedroeg, kreeg na de uitreiking geen echt diploma mee naar huis, maar moest de volgende dag terug komen om het alsnog in ontvangst te nemen.

Gedurende de zomer kwam Jurriaan Kleyer uit Voorthuizen logeren. Ruim vier jaar geleden had hij samen met David op de MAVO gezeten. Het was echt fijn om bezoek uit Holland te ontvangen, hoewel ik mij herinner dat hij het liefst Engels sprak, omdat hij het in de praktijk wilde gebruiken.

Wij woonden nu dichtbij een bekende Technische en Agrarische Universiteit, Cal Poly genoemd. David was tijdens zijn eindexamen jaar, elke dag in zijn kamer bezig geweest met het ontwerpen van technische vernuftigheden met gebruik van stroomdraden en batterijen. Het was duidelijk dat hij die richting op zou gaan.

Inderdaad werd hij aangenomen bij Cal Poly en ging in augustus op kamers wonen. Het eerste kind vloog uit en dat was toch wel wat.

Ook wij verhuisden, maar dan binnenshuis. Michael wilde David's kamer, Ellen Michael's kamer en ik kreeg de ouderlijke slaapkamer met aansluitende badkamer.

Het was heerlijk om zo dichtbij de zee te wonen, maar het had één groot nadeel. In de zomer als het heet was in het binnenland, vormde zich een mistbank boven de zee die dan om vijf uur 's middags land inwaarts trok. Vanaf dat moment was de zon weg en was het meteen koud en niet prettig meer om buiten te zitten. De volgende ochtend duurde het soms tot twaalf uur voordat de lage bewolking door de zon was opgelost.

Op een dag kwam er een vriendin op bezoek die ook uit Nederland was geëmigreerd. Ze vertelde dat een vrouw van 88 jaar in San Luis Obispo hulp nodig had met het koken en met het doen van de boodschappen.

"Laten we samen bij haar op bezoek gaan en eens kijken wat het is."

Zo gezegd, zo gedaan. De vrouw was nooit getrouwd geweest en had haar leven lang college gegeven op diverse universiteiten. Ze kon snel opvliegen en toen ze dat deed, keek mijn vriendin naar mij en vormde de woorden met haar lippen: 'zij is voor jou'.

Ik nam de uitdaging aan.

Op 1 oktober 1995 begon ik bij Winnie te werken en het was zeker een uitdaging om het deze vrouw naar de zin te maken. Ik hoorde van haar buren dat zij de ene hulp na de andere had gehad. Ze was gewoon heel moeilijk, maar ik liet mij niet kennen.

Na een paar weken ontdekte ik iets. Als ik na mijn werk bij Winnie in San Luis Obispo om vijf uur naar huis reed, scheen de zon en was het heerlijk warm. In de verte zag ik de mistbank al boven Los Osos hangen en ja hoor, halverwege de lange weg leek het net of ik onder een deken kwam. Ineens was de zon weg en kwamen er hele kleine druppeltjes op de voorruit. Aha! Dus als wij mist hadden, was het in San Luis Obispo nog heerlijk weer. Vanaf dat moment wist ik waar ik graag zou willen wonen.

Het was tussen Kerst en Nieuwjaar toen Winnie en ik in de supermarkt liepen. Het maakte niet uit waar ze zich bevond; als ze ergens boos over was, kreeg ze een driftbui. Zo ook in het pad tussen de schappen. Ik zag een vrouw naar ons kijken. Ja, dacht ik, ik kan er ook niets aan doen. We kwamen deze vrouw nog een paar keer tegen, voordat we bij de kassa waren. Toen Winnie langzaam haar cheque uitschreef, terwijl haar boodschappen werden ingepakt, stond ik op een veilige afstand achter haar. Ik voelde een klopje op mijn schouder en draaide snel om. Het was dezelfde vrouw die zo intens naar ons gekeken had.

Ze vroeg fluisterend:

"Is dat jouw moeder?"

"Nee, gelukkig niet, ik werk voor haar."

"O, ik zoek iemand voor mijn moeder, heb je nog tijd over?"

"Ja hoor, ik zal je even mijn naam en telefoonnummer geven."

Ik deed dit erg snel en toen ze naar mijn naam keek, zei ze:

"Ik ben ook Nederlandse," en ging meteen over in vloeiend Nederlands.

"Ik heet Loesje en zal je na de feestdagen bellen."

Begin januari werd ik inderdaad door Loesje gebeld. We maakten een afspraak bij haar moeder, die nog op 91 jarige leeftijd zelfstandig woonde. Het was een mooi huis aan de rand van een golfbaan. Mevrouw Maassen liep nog goed, maar ze was stokdoof en bijna blind. Ik mocht haar meteen; wat een lief mensje! Het was de bedoeling dat ik haar hielp met koken en dan bleef eten. Dat kwam mij goed uit, want ik was toch in de buurt voor Winnie. Ellen en Michael maakten zelf wel wat klaar.

Toen ik er begon, liet ze mij meteen het huis zien. Zij sliep in de grote slaapkamer en dan waren er twee slaapkamers met bedden voor gasten. Ik lees nu dat ik op 14 januari in mijn agenda schreef, dat ik voelde dat Michael en ik te zijner tijd bij tante Marie Maassen in huis zouden gaan wonen. Aan het eind van het schooljaar zou Ellen het huis uitgaan en Michael wilde het laatste jaar niet afmaken. Je kunt hier een soort test afleggen en als je het haalt, krijg je een zogenaamd High School diploma. Michael had genoeg van die school en wilde werken.

Als Ellen uit huis zou gaan, zou ik ook de alimentatie voor haar verliezen. Ik wist zeker dat ik de huur van het huis dan niet meer aan kon.

Inderdaad bood Loesje ons aan om bij haar moeder in te trekken. Ik kon het goed met tante Marie vinden en financieel was het aantrekkelijk voor ons. Dus pakten we weer in en stopten bijna alles in een berging en de rest ging in de garage van tante Marie. Dat was op 1 juni 1996. Zij kookte nog echt Hollands met sudder lapjes en aardappels die kruimig moesten zijn en lekkere jus. Zij was pas op 56 jarige leeftijd geëmigreerd. Van haar leerde ik sommige fijne kneepjes bij het koken.

De communicatie was heel moeilijk. Ik werd wel moe van het hele harde praten, want opschrijven had geen zin. Toch ontdekte ik dat als ik de letters met een dikke zwarte viltstift schreef en als de letters zes centimeter hoog waren, zij dat met moeite kon lezen. Zoals gezegd, trokken Michael en ik op 1 juni bij haar in en pakten elke dag een paar dozen uit. Op 5 juni ging zij met haar dochter Loesje naar Los Angeles waar zij een zus had wonen die ernstig ziek was en binnenkort zou overlijden. De volgende dag belde Loesje en zei:

"Annelies, mijn moeder is overleden."

"Je bedoelt haar zuster?"

"Nee, mijn moeder is overleden."

Ik kon het niet geloven. Ze was nog zo vitaal toen ze wegging, maar had een hersenbloeding gekregen en was er vrijwel meteen aan overleden.

Daar zaten Michael en ik en wat nu? We mochten er blijven wonen totdat het huis verkocht was, dus dat viel mee.

27

Bezoek aan Nederland en weer werk zoeken

Nu tante Marie er niet meer was, besloot ik met Michael een maand naar Nederland te gaan. Hij was tien jaar oud toen we er voor het laatst waren en nu was hij zestien.

In het KLM vliegtuig vroeg de stewardess wat hij wilde drinken.

"Whisky."

"NEE!"

De stewardess keek mij aan met van die ogen die zeiden, 'bemoei je er niet mee.'

"Ik ben zijn moeder en hij mag geen whisky."

"Nou mevrouw, ik zou daar maar alvast aan wennen, want in Nederland kan hij het overal kopen." (In Amerika moet je 21 jaar zijn.)

Mijn broer Boudewijn was zo aardig om mij zijn tweede auto te lenen, waar ik mee door het land reed om vrienden en familieleden op te zoeken. Michael was vaak in het Westland, bij de familie van zijn vader.

Graag wilde ik nog eens naar een kerkdienst van de Oude Kerk in Voorburg. Begin augustus, op een mooie zondagochtend, parkeerde ik de auto in de zijstraat naast de kerk. Wat gek, de klokken gingen niet luiden. Was ik nu de enige die naar de kerk ging? Hoe kon dat nu? De deuren waren dicht, maar nergens was de reden vermeld. Er kwamen nog een paar mensen aanlopen, maar die wisten ook niet wat er aan de hand was. Het was duidelijk....er was geen kerkdienst.

De volgende dag, toen ik weer in Voorburg was, bezocht ik het Kerkelijk Bureau aan de Parkweg. Mijn vader had daar nog gewerkt, na zijn pensionering. Hij ging er graag naartoe, want hij kon het goed vinden met de heer Timmers, mevrouw van Vliet en mevrouw Bronsaer. Ik kwam binnen en vroeg naar de heer Timmers. Helaas was hij met vakantie. Ik vertelde dat ik gister voor de deuren van de Grote Kerk had gestaan en dat er geen dienst was.

"Ontvangt u het kerkblaadje niet? Daar staat het in."

"Nee, ik woon hier niet."

Hij vertelde mij dat vanwege de zomer in juli de diensten in de Oude

Kerk werden gehouden en nu, de hele maand augustus, in de Fonteynkerk. Helemaal niets over 'wat jammer dat u voor niets gekomen bent'. Ik stelde nog voor dat een bericht op de deur goed zou zijn geweest. Terwijl ik wegliep dacht ik 'geen wonder dat de kerken leeglopen'.

In Mattëus 4:19 staat:

> 'Hij (Jezus) zei tegen hen: "Kom, volg mij, ik zal van jullie vissers van mensen maken."'

Met deze opdracht moet je het Evangelie zo aantrekkelijk en toegankelijk mogelijk maken, zodat mensen erop af komen.

Toen wij half augustus terug kwamen, moest ik meteen werk zoeken, want aan Winnie alleen had ik niet genoeg. Ik bezocht een uitzendbureau voor bejaardenthuiszorg en omdat ik weinig ervaring had, kon ik als huishoudster bij een man van 82 jaar beginnen. Ik moest zijn ontbijt en lunch maken en het huis schoonhouden. Niet bepaald een baan die ik leuk vond, maar de man was aardig. Hij takelde wel snel af en daardoor kon ik meer en meer het werk doen wat een bejaardenhulp doet. Hij kwam in een ziekenhuisbed te liggen en ik moest hem voeren. Wij waren met vier bejaardenhulpen en draaiden verschillende diensten.

Toen ik in de vierde klas op de MULO zat, moest ik aangeven wat ik wilde worden. Mijn verlangen ging uit naar het beroep van verpleegkundige, maar beslist niet bij volwassenen. Ik wilde geen mannen wassen, maar alleen baby's en kinderen verplegen. Dat kon niet, want je moest als verpleegkundige in een ziekenhuis kunnen meedraaien. Dus koos ik toen voor de kleuterkweek. Het werd de Haanstra Kweekschool voor Voorbereidend Onderwijs in Leiden. Mijn schoolvriendin Hilde Prins-van Selm, (wij hadden samen in de eerste en tweede klas lagere school gezeten), zat er al op en vond het een fijne school. Dat gaf de doorslag.

Mijn cliënt was nu half verlamd en van de fysiotherapeut leerde ik hoe ik hem uit bed in de rolstoel moest zetten en hoe vanuit de rolstoel in bed. Toen hij echt niet meer op één been kon staan, gebruikten wij een tillift. Ik leerde dus veel en vond het leuk werk. Zeker omdat ik iemands laatste dagen zo prettig mogelijk wilde maken. Hij kon mij nog zo vaak roepen, ik werd nooit ongeduldig.

Er was één bejaardenhulp die in een verpleegtehuis had gewerkt en die was aangesteld om de wasbeurten in bed te geven. Daar was ik opgelucht over. Maar op een keer was zij ziek, dus moest ik het doen. Ik stond bij het bed en dacht 'ik kan bij het hoofd beginnen of bij de voeten, uiteindelijk kom ik toch in het midden uit'. Maar ik moest wel. Ik zorgde voor heel warm water en deed alles op mijn gemak. Terwijl ik hem waste, huilde hij een beetje. Toen ik klaar was, vroeg ik waarom hij zo geëmotioneerd was.

"Dit is de beste wasbeurt die ik ooit heb gehad. Jij bent net een engel, je bent echt een heel goede verpleegkundige."

Toen moest ik hard lachen.

"Weet u waarom ik nooit een echte verpleegkundige ben geworden?"

"Nee, zeg het eens."

"Ik wilde geen mannen wassen."

Daar heeft hij hartelijk om kunnen lachen. Dat was de laatste keer, want een paar dagen later overleed hij tijdens mijn dienst. Hij was de eerste in een lange, lange rij van mensen die ik tot het einde van hun leven heb mogen helpen.

Het huis van tante Marie stond nog te koop en op een zondagmiddag werd er een 'open house' gehouden. Er zou een makelaar komen om het huis aan iedereen die langskwam te laten zien. Wij moesten gedurende die uren weg blijven en om vijf uur konden wij weer terugkomen. De makelaar was een vrouw en vroeg wat voor werk ik deed.

"Ik zit in de particuliere bejaardenthuiszorg."

"O, ik ken iemand die hulp nodig heeft. Ze is al 93 en kwam uit Schotland toen ze 55 was. Zij woont in een bejaardencomplex, maar neemt nog elke dag de bus naar de binnenstad om daar te eten. Ze heeft alleen hulp nodig met het schoonmaken van haar flatje."

"Ik ben geen werkster en doe het eigenlijk liever niet" was mijn antwoord."

Ik weet niet hoe het precies ging, maar ik zwichtte en besloot deze Schotse vrouw te helpen. Dit moment is achteraf heel belangrijk voor mij geweest.

28

Amy leren kennen

Michael en ik konden geen flat vinden. De studenten waren teruggekomen van de zomervakantie en er waren weinig flats beschikbaar. Het was nu november en wij moesten 3 december uit het huis van tante Marie, want het was verkocht. Daar gingen we weer, een bekend gevoel, maar het went nooit.
Half november belde Irene, die pianiste van mijn kerk in Los Osos was, plotseling op. We hadden geen contact gehouden. Of ik nog steeds in dat huis zat.

"O, je moet eruit? Dat komt goed uit, Chuck en ik gaan twee maanden op reis en het zou fijn zijn als jullie hier op ons huis konden passen."
Dat kwam dus inderdaad goed uit. Zij hadden een fijn huis in Morro Bay, aan de oceaan, met een heerlijke patio uit de wind. De rest van de spullen bij tante Marie moesten naar de berging en met een paar koffers gingen we naar het huis van Chuck en Irene.

In oktober was ik begonnen bij de Schotse vrouw. De receptioniste van haar bejaardencomplex knoopte weleens een praatje met mij aan. Eind december kreeg ik een briefje van haar met een telefoonnummer erop. Of ik nog tijd had om er iemand bij te nemen. Ik belde het nummer en kreeg een man aan de telefoon, die iemand zocht voor een vrouw van 90 jaar om haar een douchebeurt te geven. Ik was geïnteresseerd, maakte een afspraak voor begin januari en kreeg het adres.

Het was de flat van de oude mevrouw en het stond in een heel groot complex, dat ik nog nooit gezien had. Ik vond het meteen een mooie flat, met prachtige donkerblauwe vloerbedekking. Ze heette Amy en was zo doof dat ze het gesprek door het echtpaar, die haar belangen behartigden, liet voeren. Haar ogen waren ook slecht. Amy was pas een week eerder daar ingetrokken en had hulp nodig. Ik werd aangenomen als douche-hulp en vroeg hen hoe Amy aan deze flat gekomen was, omdat ik er zelf ook één zocht. Ik hoorde dat ik naar de manager moest gaan. Dat deed ik de volgende dag.

Er was een flat die de eerste week van februari vrij zou komen. Ik tekende het contract en bezocht Amy. Ik vertelde haar dat ik ook in dit complex ging wonen. Zo helemaal alleen met haar kon ze mij best goed horen. Ze vertelde dat ze nooit getrouwd was geweest en alleen een neef en een nicht had die 3000 kilometer van haar vandaan woonden. Vandaar dat dat echtpaar haar hielp. Het leek mij een vrouw waar ik met plezier voor zou werken.

Helaas kwamen Chuck en Irene twee weken eerder terug, dus moesten Michael en ik in een motel. Maar na de eerste week in februari zaten wij weer in een eigen omgeving. Michael werkte in de keuken van een restaurant en ik deed steeds meer bejaardenthuiszorg. Bij Amy kwam ik vaak tussendoor, wat zij heerlijk vond. Ik heb erg veel van haar geleerd. Ze verbeterde mijn Engels door te vragen of ik alsjeblieft voor haar uit de Bijbel wilde lezen. Ik had nog nooit hardop in het Engels voorgelezen. Stel je voor dat ik een woord tegenkwam dat ik niet kon uitspreken. Maar ze drong aan. Ik heb dit zes jaar voor haar gedaan en het heeft mij heel erg geholpen om over die vrees heen te komen. Ze zei ook hoe ik bepaalde woorden moest uitspreken.

Amy had de mooiste flat van alle 168 flats. Ik heb het nu over de ligging, want alle flats waren van binnen hetzelfde. Vanwege het gevaar voor aardbevingen waren de flatgebouwen niet hoger dan twee verdiepingen. Ze had uitzicht op een grasveld en had bijna de hele dag zon die door de ramen van de eetkamer en woonkamer scheen. Vanuit de eetkamer liep je zo door de open glazen schuifdeur naar de patio. Amy was een echte zonaanbidster en was dan ook lekker bruin. Ik kwam vaak om bij haar in de zon te zitten, want mijn flat lag op het westen.

Maar na ruim een jaar had het echtpaar, dat haar belangen behartigde, een kleinere flat in een bejaardencomplex gevonden. Dat waren goedkope flats voor bejaarde mensen met een laag inkomen. Helaas was de nieuwe flat op het noorden en was het er donker. Amy kon daar meteen bijna niets meer zien en had het ook steeds koud. Voorbij waren de dagen dat we in de zon konden zitten. Maar ze klaagde nooit. Het was nog steeds dichtbij, alleen pakte ik nu de fiets. Ik bezocht haar elke avond want ze had steeds meer hulp nodig. Op een avond zei ik:

"Amy, ik zal tot het einde voor je zorgen."

Ik voelde dat ze me niet geloofde, maar ik wist heel goed wat ik beloofde.

Mijn vriendin Irene had een lelijke infectie opgelopen en werd in het ziekenhuis met drie verschillende soorten antibiotica behandeld. Nadat ze thuis was gekomen bleef zij nog een maand ziek en werd steeds zwakker. De dokter wist niet wat hij verder nog kon doen. Op een dag vroeg Amy hoe het met Irene ging.

"O, die is weer helemaal de oude. Iemand gaf haar een voedingssupplement en nu is ze weer beter."

"Vraag eens aan Irene wat het is. Ik ben er benieuwd naar."
Amy bleef aandringen. Eindelijk vroeg ik Irene wat het was. Ze vertelde dat het een product van Mannatech was. Toen Amy de naam hoorde zei ze:

"Ik heb vroeger wel eens gehoord dat men bezig was om te proberen Manna, het voedsel dat de Israëlieten in de woestijn aten, na te maken."

Het liet haar niet meer los. Ze stuurde me terug naar Irene, zodat ik er meer over te weten zou komen. Amy en ik luisterden naar een cassettebandje met uitleg over het product. Voor haar stond het vast; we moesten het gaan gebruiken. Het gevolg was dat ik mij opgaf als associate, want Amy wilde het gaan gebruiken. Samen begonnen wij op 1 augustus 1998 met het basis product. Amy had dus de aanzet gegeven om dit bedrijf aan huis te beginnen. Ik ben haar daar heel dankbaar voor.

29

Dakloos

Michael was toegelaten tot een college in Sunnyvale, ongeveer drie en een half uur rijden bij ons vandaan. Hij zou zich gaan specialiseren in computeranimatie. Door dat hij als laatste het nest verliet, kreeg ik geen alimentatie meer en werd het meteen een stuk moeilijker om de huur te betalen. Alleen door heel veel uren te werken zou dat lukken. Dat was niet zo moeilijk, want er was altijd werk. Er waren ouden van dagen die 's nachts iemand nodig hadden. Ik kon dan bij hen slapen, maar als de cliënt het belletje liet rinkelen, moest ik eruit. Ik werkte veel overdag en drie nachten per week. Ik was dus heel weinig thuis.

In december kwam er een heel raar idee bij mij op dat totaal normaal aanvoelde. Ik wilde dakloos worden!! Als ik vier nachten erbij kreeg, hoefde ik nooit in mijn auto te slapen. Gewoon alles in de opslag doen. Terwijl ik dit opschrijf kan ik nu wel begrijpen dat mijn vriendin Rosemary dacht dat ik gek geworden was. Dat schreef zij namelijk in een lange brief. In een ander klimaat had dit natuurlijk nooit gekund. Ik deed het, omdat het zo normaal voelde. Ik nam een postbusje in het postkantoor en kocht mijn eerste mobieltje. Daarna gaf ik het nummer aan de verschillende uitzendbureaus voor bejaardenthuiszorg. Ik werd lid van een fitness club, zodat ik daar onder de douche kon.

Op 18 januari 1999 om 1 uur 's middags leverde ik de flat schoon op en gaf de sleutel terug aan de manager, liep naar mijn Toyota Corolla en startte de auto. Ja, en toen was het, wat nu? Dat kwam heftig binnen. Het was vreemd geen huissleutel te hebben, maar ik had het sleuteltje van mijn hangslot dat aan de deur van de berging hing. Die had ik gehuurd en kon daar, naast mijn auto, rustig op een kruk zitten en met een snijplank op mijn schoot iets eten.

Ik was al elke avond bij Amy en dat bleef ik doen. Nu kwam ik een beetje eerder en kookte mijn eten. Dat vond ze heel gezellig, want dan rook het zo lekker. Zij had haar warme maaltijd al om vier uur in de eetzaal gegeten. Op 68 jarige leeftijd was zij nog begonnen aan een nieuwe baan, namelijk het verzorgen van alle maaltijden voor een heel rijke dame in een prachtig groot huis op een landgoed in Montecito, even buiten Santa Barbara. De dame was 78 jaar en Amy heeft voor haar gekookt totdat zij stierf op 100 jarige leeftijd. Amy was toen 90 en kwam daarna naar San Luis Obispo. Twee jaar nadat die rijke vrouw overleden was, heeft Oprah Winfrey (een heel beroemde televisie persoonlijkheid in de V.S.) dat landgoed voor 50 miljoen dollar gekocht.

De eerste drie nachten had ik werk, maar voor de volgende vier nachten had ik nog geen werk. Dat werd dus spannend, maar ik zag mijzelf niet in mijn auto slapen. Dat idee was nooit bij mij opgekomen. Amy en ik hadden natuurlijk om nachtwerk gebeden.
Op die bewuste 18e januari zat ik 's avonds bij Amy en hoorde het melodietje van mijn mobieltje voor de eerste keer. Het was één van de uitzendbureaus. Ze hadden er net een nieuwe cliënt bij gekregen, die dag en nacht hulp nodig had. Of ik nog een nacht vrij had.

"Ja, nog vier."

"Welke nachten?"

"Mooi, die krijg je."

Wat een prachtige uitkomst! Vanaf die dag heb ik 32 nachten achter elkaar gewerkt en vaak ook overdag, maar ik heb dat prima volgehouden.

Ik verdiende geld als water en na twee weken viel mijn oog op een stationwagon die te koop stond. Ik wilde meer ruimte. Toen ik David aan de telefoon had, vertelde ik hem dit. "Mamma, waarom koop je geen camper?" Mijn mond viel open van verbazing. Daar had ik helemaal niet aan gedacht. Ik werd meteen enthousiast. Het duurde twee weken voordat ik er één vond die geschikt was. Ik stapte erin en terwijl ik op de bank aan de tafel zat en door de grote achterruit keek, wist ik het meteen; deze is het. Het had een toilet dat je door kon trekken en een piepklein keukentje, twee pits gastel, gootsteen met stromend water. Van de twee banken met de tafel er tussen kon je een tweepersoons bed maken. Het had al 128.000 kilometers erop zitten, maar dat is voor een Toyota niet veel. Hij was veertien jaar oud en zag er aardig uit. Ik liet hem technisch keuren en besloot deze camper te kopen. Ik voelde mij de koning te rijk, mijn eigen huisje op wielen.

Wat een uitkomst!

Mijn Toyota Corolla parkeerde ik bij een vriendin en vanaf dat moment reed ik met mijn huisje rond. Op de Amerikaanse parkeerplaatsen paste hij in een parkeervak, want de breedte was gelijk aan een brede auto en de lengte was zes meter. Ik had er duidelijk in Nederland niet mee kunnen parkeren.

Op het moment dat ik deze camper kocht, verloor ik mijn extra nachtbaan, want mijn cliënt trok in bij haar kleinkinderen. Het kwam allemaal precies goed uit, want ik heb nooit in mijn auto hoeven slapen.

Ik had in die tijd een klein baantje aangenomen. Ik hielp een vrouw die de ziekte van Alzheimer had met eten. Zij zat in een verpleeghuis, maar haar man was niet erg tevreden met het verzorgend personeel. Dus ik hielp drie keer in de week tijdens het avondeten. Ik parkeerde dan mijn camper op de parkeerplaats en als ik klaar was, liep ik naar de overkant waar Amy haar appartement had.

Als ik dan 's avonds bij Amy wegging, liep ik terug naar mijn camper en stapte door de zijdeur naar binnen en bleef daar dan slapen. Het was er reuze veilig met grote lampen die de hele nacht aanbleven. Er was om 23 uur een wisseling van diensten en ik probeerde wel voor zeven uur 's ochtends weg te zijn, want dan begon de dagdienst die alle parkeerplaatsen nodig had.

Amy was toch niet helemaal gerust toen ik die eerste keer in de camper ging slapen. Zij wilde graag dat ik Psalm 4:9 voorlas:

'In vrede leg ik mij neer en meteen slaap ik in, want U, Heer, laat mij wonen in een vertrouwd en veilig huis.'

Daar rekenden wij op.

Toch was het natuurlijk onwennig om ineens op een parkeerterrein te slapen. Het was een vreemde eerste nacht. Zo nu en dan werd ik wakker van startende auto's en wist even niet waar ik was, maar het wende snel. De banken bleven permanent omgezet in een bed en aan weerszijden stonden opbergdozen met kleding en boeken. Ik sliep in het midden en het paste allemaal precies.

Na vier maanden had ik net tegen een paar vriendinnen verteld dat het een heel fijn campertje was, maar wel voor één persoon, toen Ellen de volgende dag belde. Zij werkte ten zuiden van Los Angeles en zag het even niet meer zitten.

"Mamma, mag ik een tijdje bij je komen wonen?"

Wat doe je in zo'n geval? Je zegt ja en stopt meer in de berging. We sliepen als lepeltjes in een doosje. Ze bleef elf maanden en we woonden al die tijd samen in goede harmonie. Een grappige bijkomstigheid was dit: als Ellen naar huis wilde komen, moest ze mij eerst bellen om te weten waar ik was.

30

Weer een flat en wat voor één!

Aan het eind van het jaar 2000 was Amy 94 geworden en mijn verlangen om samen met haar in een flat te wonen werd sterker. Ze ging erg achteruit en had meer verzorging nodig. Haar eigen flatje werd te klein, want ik moest nu een tillift gebruiken èn ik wilde haar in haar laatste jaren weer zon geven.

In december ging ik terug naar dat grote appartementencomplex en vroeg de manager welke flats te huur stonden. Ze hadden er twee op de eerste verdieping, dus dat ging niet. Aan de muur van het kantoor hing een grote plattegrond met alle flats erop. Terwijl de manager aan de telefoon stond, bestudeerde ik deze plattegrond. Ik probeerde Amy's oude flat te vinden en ontdekte dat het de enige flat was die precies op het zuiden lag met de patio heel gunstig op de zon. En dan natuurlijk het prachtige grasveld om op uit te kijken. Even bad ik daar staande: 'Vader, Amy's oude flat. Die zou ik graag voor haar willen hebben. Zij woonde er met plezier en moest het eigenlijk tegen haar zin in opgeven.'

Ik kende de vrouw die na Amy erin getrokken was. Zij werkte als verpleegkundige in het verpleeghuis waar ik de vrouw hielp met haar avondmaaltijd. De volgende avond had zij dienst. Terwijl ze haar medicijnkast op wielen door de gang duwde om medicijnen uit te delen, schoot ik haar aan.

"Ik weet dat je in Amy's oude flat woont en vroeg mij af of jullie gaan verhuizen."

Verbaasd staarde zij mij aan.

"Hoe weet je dat?"

"Dat weet ik niet, ik wilde gewoon het jou vragen."

"Ja, wij hebben een nieuw huis gekocht en gaan in februari verhuizen. We hebben de manager nog niets laten weten."

"Luister, als jullie eruit gaan, wil ik erin. Ik zal niets tegen de manager zeggen. Maar als het vrijkomt, zou je het mij willen laten weten." Ik liep te jubelen door de gangen.

'Dank U Vader'.

Van de 168 flats kon ik precies die flat krijgen die Amy nodig had.

Eind februari 2001 haalde ik alles weer uit de berging en trok in Amy's oude flat. Het is moeilijk uit te leggen hoe ik me voelde. Een flat waar ik altijd op bezoek was geweest, was nu van mij. Eén keer per weekend haalde ik Amy op en duwde haar in de rolstoel naar haar plek waar zij zo genoten had. Het was zo fijn om weer samen in de zon op de patio te zitten.

De flat was duur, dus moest ik meer werk aannemen, maar dat had ik er wel voor over. In juni kwam Ellen weer bij mij wonen, maar nu omdat ze besloten had naar Cuesta College te gaan. Het was gezellig dat ze weer terug kwam. Ze sprak nog steeds vloeiend Nederlands, want toen zij negentien was, had ze een jaartje in het Westland gewerkt. Daarna had ze allerlei baantjes gehad, maar nu was ze vastbesloten om te gaan studeren. Ze deed erg haar best en genoot van het leren. Ik benijdde haar niet. Ik dacht terug aan mijn tijd op de MULO, waar ik een hekel aan talen had en in mijn tijd waren Frans, Duits en Engels verplicht. Jaren later, ik spreek van zeker dertig jaar, kon ik zo nu en dan mij nog opgelucht voelen, dat ik geen huiswerk meer had.

31

Amy

Op 31 december 2001 kwam Amy bij ons wonen. Ik had al mijn baantjes opgezegd om 24 uur per dag voor haar te zorgen. Ik gebruikte een tillift om haar uit haar ziekenhuisbed en rolstoel te halen. Dat ik dat jaren geleden geleerd had, kwam nu goed van pas. Amy was bijna blind, maar kon toch nog wel zelf eten.

Ellen en ik sliepen in de slaapkamers op het noorden en Amy kreeg de woonkamer met het bed voor het raam. Het was heerlijk om full-time thuis te zijn. Als Amy sliep deed ik gauw wat boodschappen en de rest van de tijd was ik thuis.

Hoewel ik weinig van computers afwist, had ik toch een laptop gekocht en moest nog een heleboel leren. Daar had ik 's avonds als Amy al in bed lag alle tijd voor.

Een paar maanden later belde ik Rosemary, mijn vriendin die in Ohio mijn buurvrouw was geweest. Ik vroeg of ze zich al klaar maakte om haar zus in Spanje op te zoeken.

"Nee, ik ga niet weg, ik heb kanker."

Terwijl ik naar lucht hapte, ontsnapte een hard geluid, waardoor zij ging huilen. Het was een vreselijk moment. Ze vertelde dat het een gevaarlijke vorm van borstkanker was en dat ze al aan de chemo was en daarna bestraald zou worden. Na de bestraling in oktober wilde ze graag bij mij in Californië vakantie vieren. Haar kansen waren niet groot en dat maakte mij bezorgd en ook machteloos. Wat kon ik doen 5,000 kilometer bij haar vandaan? Ik kon voor haar bidden en dat deed ik ook.

Amy werd bedlegerig en ging als een kaarsje uit. Ik sliep nu naast haar op mijn, in een bed veranderde, futon. Zij moest namelijk elke twee uur van de ene zij op de andere gedraaid worden. Ik dacht natuurlijk vaak na over wat ik zou gaan doen na haar overlijden.

Ellen begon aan haar tweede jaar bij Cuesta College en wilde weer graag op kamers wonen. Ik zag maar één mogelijkheid: ik moest weer terug in de camper. Daar zag ik vreselijk tegenop; weer alles inpakken en een berging huren. Ik had zo genoten van een keuken en de grotere woonruimte.

Op 10 augustus overleed Amy in mijn armen. Ik was zo dankbaar en toch ook opgelucht dat ik haar thuis tot het einde had kunnen verplegen. Ze was bijna 96 jaar geworden.

Jaren geleden had ik eens gevraagd of zij iets voor mij op een bandje wilde zetten. Omdat zij al heel lang niet meer kon lezen, was haar cassetterecorder erg belangrijk. Ze was altijd met bandjes bezig, want zo onderhield zij contact met haar vriendinnen, die lange gesproken brieven kregen.

Amy had in de loop der jaren heel wat bijbelverzen uit het hoofd geleerd. Op het bandje dat ik van haar kreeg, had ze alle bijbelverzen opgezegd die ze uit het hoofd had geleerd. Daarbij was ook Psalm 91. Het is aardig lang, maar zij wist het nog goed. Op haar kleine begrafenis naast het graf, hebben wij dat voor de mensen die er waren afgespeeld. We hoorden een krachtige stem en voor iedereen was het een geschenk om haar toch nog een keer te horen spreken.

De begraafplaats lag vlakbij Los Angeles, vier uur rijden bij ons vandaan. Op weg naar huis keek ik terug op een periode die mooi was afgesloten.

Michael kwam en bleef acht dagen. Hij hielp me elke dag met het brengen van dozen naar de berging. Het werd passen en meten, maar daar was hij goed in. Toen alles er weer in zat en het hangslot aan de deur hing, zei ik tegen mijzelf:

'Ik haal het er pas weer uit als ik een echt huis heb.'

32

Plannen maken voor een lange reis met de camper

De eerste twee weken terug in de camper vielen niet mee. Ik vroeg mij af wat ik met Kerst kon doen. Het feit dat ik de kinderen niet kon uitnodigen vond ik heel naar. Inmiddels had mijn vriendin Alice haar oprit aangeboden. Dan kon ik mijn verlengsnoer in een stopcontact aan de buitenkant van haar huis steken en had ik elektriciteit voor mijn laptop.

Rosemary kreeg een vreselijke tegenslag. Meteen nadat ze haar laatste bestraling gehad had, ontdekte de dokter meer gezwellen. Ze moest weer met chemo beginnen. De prognose zag er niet goed uit. Ik beloofde nu bij háár te komen.

Maar eerst vroeg een cliënt waar ik vorig jaar voor gewerkt had, of ik de hele maand december op zijn huis wilde passen. Ik greep deze gelegenheid aan om weer een kerstboom te nemen en met elkaar Kerst te vieren. We trokken lootjes en ik haalde de kerstdoos op die ik vooraan in de berging had staan. Het was erg leuk om de kerstversieringen weer te zien. Al die oude zelfgemaakte versierinkjes gingen weer in de boom. Ik heb gemerkt dat het voor mijn kinderen erg belangrijk is om dingen van vroeger weer terug te zien. We hadden veel plezier met z'n vieren; wat fijn toch dat wij een huis hadden. Ik vertelde hen dat ik een retour vliegticket gekocht had om in januari twee weken naar Rosemary in Connecticut te gaan. En dat ik in maart naar Texas zou gaan voor een conferentie van mijn home business in voedingssupplementen. Waarop David weer iets belangrijks zei: "Mamma, waarom neem je niet de camper." In eerste instantie was ik daar bang voor. Ik had er nog nooit een reis mee gemaakt.

De volgende ochtend, toen de kinderen uitsliepen, vond ik toevallig een kaart van de hele VS. Ik keek hoe ver Texas was (2,600 kilometer) en hoeveel dagen ik er over zou rijden (vier). Ik kende onderweg twee mensen waar ik met mijn camper op hun oprit kon staan. Voor de andere twee nachten moest ik zelf iets verzinnen.

Maar eerst vloog ik naar de andere kant van het land en bezocht Rosemary. Ik had haar achttien jaar niet gezien. Het was een emotioneel weerzien. Ze was erg veranderd, had nu een pruik en was snel moe. Ze kookte niet meer, maar at 's avonds een bakje cornflakes. Ik wilde graag met de camper terugkomen om te helpen, maar daar wilde ze niets van weten. Ze werkte halve dagen en kon alles nog zelf doen. Toen ik bij haar de volgende ochtend in de buurt wandelde, kwam er een sterk gevoel bij mij binnen. 'Je moet hier terug komen'.

Ik wilde dus met de camper naar Texas rijden. Als ik daar was, zou ik al halverwege het land zijn. Daarbij komt ook nog dat ik mij in december al had opgegeven voor een weekend georganiseerd door Billy Graham's Conferentie Oord. Het zou het laatste weekend van mei zijn. Dit conferentieoord ligt in North Carolina, dicht bij de oostkust.

Heel voorzichtig begon zich een plan te ontvouwen. Ik bad om wijsheid en las Jakobus 1:5 –

> 'Komt een van u wijsheid tekort?
> Vraag God erom en hij, die aan iedereen geeft,
> zonder voorbehoud en zonder verwijt,
> zal u wijsheid geven.'

Daar vertrouwde ik op.

Ik vertelde mijn vriendin Alice dat ik in maart in Dallas, Texas zou zijn en eind mei in North Carolina. Ik zou twee maanden iets daar tussenin moeten vinden, maar wist nog niet wat. Alice sprak met haar dochter die 4,000 kilometer bij ons vandaan woont.

"Moeder, wij zitten echt niet zoveel verder naar het noorden, ze kan op onze oprit staan en mijn school heeft tijdelijke assistentes nodig, dus zou zij bij ons kunnen werken."

Toen ik Alice weer bezocht, vertelde zij wat haar dochter had gezegd. Wij pakten de kaart erbij en ik werd erg enthousiast. Ik kon dus bij haar dochter staan en daarna door naar North Carolina. Vanaf Billy Graham's Conferentie Oord was het maar 1,500 kilometer naar Rosemary! Dan zou ik daar in juni aankomen. Wat er daarna ging gebeuren, wist ik beslist niet. Maar de drang om naar haar toe te gaan was groot.

Dit plan begon vastere vormen aan te nemen. Ik had gehoord van een medewerkster van de Amerikaanse ANWB, de AAA, dat het niet veilig was om alleen op een camping te staan. Dat wilde ik toch al niet, omdat ik met zo weinig mogelijk geld moest rondkomen. In maart kampeerden er nog niet zoveel mensen, dus zou het voor een vrouw alleen niet veilig zijn. Van weer anderen hoorde ik dat de grootste winkel van Amerika, Walmart, je laat overnachten op hun parkeerterreinen. Ook was mij verteld dat je gemakkelijk op het parkeerterrein van een ziekenhuis kunt staan, omdat veel familieleden dat ook doen als ze van heinde en verre komen voor een ziek familielid.

Toen ik besloten had om te gaan, werd ik heel enthousiast en soms ook een beetje bang. Ik las de belofte in Psalm 91:11+12 –

> 'Hij vertrouwt je toe aan zijn engelen,
> die over je waken waar je ook gaat.
> Hun handen zullen je dragen,
> je voet zul je niet stoten aan een steen.'

Ik was dus in Zijn veilige handen.

33

De grote reis gaat beginnen

Op 10 maart 2003 begon ik aan mijn grote reis. Toen ik nog maar tien minuten op de snelweg zat, kwam er heel even een enorm zwaar gevoel over mij, terwijl ik de hele reis voor mij zag. Maar dat gevoel verdween na een paar seconden. Uiteindelijk zou ik 5,400 kilometer rijden, voordat ik bij Rosemary in Connecticut (vlakbij New York City) aankwam.

De eerste nacht sliep ik op het parkeerterrein van het ziekenhuis in Palm Springs. Alles ging goed, totdat ik om vier uur opschrok uit mijn slaap door een vreselijk hard geluid heel dicht boven mijn camper. Ik gluurde tussen de gordijntjes door en zag een helikopter, die laag in de lucht hing. Even dacht ik: 'ze komen me halen', wat natuurlijk grote onzin was. Maar het geeft wel aan dat ik gespannen was. De helikopter landde op het dak van het traumacentrum. Daarna kon ik niet meer slapen en besloot te gaan ontbijten in een restaurant dat 24 uur per dag open was.

Zonder problemen kwam ik aan in Dallas, Texas. Toen David met Kerst zei:

"Mamma, waarom ga je niet met jouw camper naar Dallas?"
dacht ik dat het erg ver weg was. Achteraf viel het reuze mee. Ik had een voldaan gevoel, omdat ik iets had ondernomen, dat ik nog nooit gedaan had.

Met een andere Mannatecher had ik een hotelkamer gereserveerd, dus even vier dagen in een geciviliseerde omgeving. Na de conferentie was het maar twee dagen rijden naar Belleville, Illinois, waar de dochter van Alice (vriendin in San Luis Obispo) woonde. Colleen werkte op een school voor moeilijk opvoedbare kinderen.

De volgende dag ging ik naar het kantoor en werd op de lijst van invallers voor assistentes gezet. Belleville was prachtig, want de bomen begonnen net uit te lopen. Gedurende de volgende weken heb ik nog nooit zo'n mooie lente meegemaakt. Vooral de bloeiende bomen waren fantastisch mooi.

In het telefoonboek zocht ik een kerk waarvan ik dacht dat deze bij mij zou passen. Ik vond het kerkgebouw en ging naar binnen. Toen ontdekte ik dat ik de enige blanke was. Ik had altijd al een kerkdienst met 'African Americans' mee willen maken. Er zit zoveel leven in hun dienst, want ze kunnen niet stil zitten als er gezongen wordt. Ze zingen staande met wiegende heupen en klappen erbij in hun handen. Tijdens de preek was een dame achter mij het helemaal eens met de dominee en schreeuwde steeds in mijn oor 'Amen'. Het was een mooie belevenis, maar ik zocht toch maar een andere kerk, waar ik de dominee beter kon verstaan. (Sommige 'African Americans' kunnen een accent hebben).

Colleen had gezegd dat de Methodisten kerk een heel goede naam had. Dus de tweede zondag ging ik daar heen. Ik schreef mijn naam en adres in het gastenboek (ja, nu vond ik dat niet erg meer) en genoot van de dienst. Er was een groot koor (100 mannen en vrouwen), twee vleugels en een orgel. Prachtige muziek en een dominee, waar ik met plezier naar luisterde. Kortom, ik genoot van deze dienst.

De volgende avond zat ik mijn potje te koken, toen er iemand op mijn camper klopte. Het was een heel aardige vrouw, die met iets in haar handen stond.

"Annelies, hier is een warme appeltaart van St. Matteüs Methodisten kerk. Wij waren zo blij dat je gisteren onze kerkdienst bijwoonde." Wat een prachtig gebaar, daar werd ik heel blij van. Ik heb buiten (vanwege de ruimte) met deze vriendelijke vrouw een hele poos gesproken. Ze drukte me op het hart dat als er maar iets was waar de kerk mij mee kon helpen, ik dat beslist moest laten weten. Natuurlijk ging ik de volgende zondag weer. Ook hielp ik met de kostuums voor de musical op Pasen. Mijn taak was de vleugels aan de engelen te bevestigen. Toen ik daar zo mee bezig was, zag ik duidelijk het hele grote land voor mij en ik in een kelder van een kerk ergens in Illinois terwijl ik vleugels aan engelen vastbond.

'Dank U Vader, dat U dat mogelijk maakt'.

Met Pasen waren er drie diensten en ben ik naar alle drie geweest. Na de eerste dienst die om zes uur begon, was er een heerlijk ontbijt, gekookt door de mannen van de mannenclub. Tijdens deze maaltijd vroeg mijn 'mevrouw van de appeltaart' of ik al ergens voor het Paasmaal was uitgenodigd. Toen ik nee zei, nodigde ze mij uit om bij haar thuis te komen eten. Er zouden 17 familieleden komen.

Tijdens de reis hield ik contact met Rosemary. Het ging helaas niet goed met haar. Ze lag in het ziekenhuis met een dubbele longontsteking. Ik wilde zo gauw mogelijk naar haar toe, maar haar zus zou voor haar zorgen, zodra ze thuis kwam.

Na twee maanden in Belleville te zijn geweest, reed ik door een prachtige omgeving naar het Billy Graham Training Center at the Cove even buiten Ashville, North Carolina. Het ligt aan de rand van de Great Smokey Mountains National Park. Het was berg op berg af, maar mijn 18 jaar oude camper hield het aardig vol. Het weekend was erg leuk en het feit dat ik met anderen aan tafel zat was heel gezellig.

34
Zorgen voor Rosemary

Op een zondag, begin juni, was ik bijna in Connecticut, de staat waar Rosemary woonde. Zij had mij die dag een paar keer gebeld en gevraagd waar ik was. Een paar weken geleden had zij niet meer tegengestribbeld toen ik vertelde dat ik er aan kwam. Naarmate ik dichter bij New York City kwam, werd het steeds drukker tot ik op een twaalfbaans weg links en rechts gepasseerd werd. Eindelijk om vijf uur 's middags klopte ik op de deur van het huis van Rosemary's zusje.

Toen ik de eetkamer inliep, zag ik Rosemary in een rolstoel zitten met haar benen op een andere stoel. Ik schrok van haar uiterlijk. Even kon ik mijn emoties niet de baas. Daar was ik dan in levende lijve, helemaal vanaf de andere kant van het land. Rosemary huilde ook een beetje. Ik begreep van haar zus dat Rosemary erg afgevallen was en dat ze zo zwak was, dat ze niet zelf uit de rolstoel of uit bed kon komen. Ze had met alles hulp nodig.

Tijdens het avondeten kondigde haar zusje aan dat ze de volgende dag heus terug moest naar haar werk, anders zou ze haar baan verliezen. Wat kwam het goed uit dat ik net gekomen was. Wat een 'timing'!

Ik bood aan de volgende dag haar gezelschap te houden. Daar was iedereen blij mee. Ik wilde niet zeggen dat het mijn doel was bij Rosemary te blijven, totdat ze mijn hulp niet meer nodig had. Ik zou gewoon van week tot week zien wat ik kon doen. Er was genoeg te doen. Rosemary moest regelmatig naar de chemo-afdeling van het Yale ziekenhuis gebracht worden. Het bleek dat ik het enige vervoersmiddel had waar ze makkelijk in en uit kon stappen. Dus de rolstoeltaxi (eigen kosten) hoefde niet meer besteld te worden.

Vanaf dat moment was ik de aangewezen chauffeur. Ik heb goede herinneringen aan het samen rijden. Meestal zat ze met haar ogen gesloten naast mij en ik dankte de Here dat ik het kon doen. Op goede dagen kon ze me vertellen waar we langs reden, zoals de beroemde universiteit Yale. Ook plaatsen waar ze als tiener uitging.

Elke keer als we bij de dokter waren, moest ze gewogen worden en elke keer was ze weer afgevallen. Rosemary vertelde me dat ze terug naar haar eigen huis wilde en vroeg of ik haar in het begin kon helpen totdat ze het zelf weer kon doen. Ik beloofde te blijven, want dat was mijn doel altijd al geweest.

Begin september bracht ik Rosemary naar haar huis en toen ze in haar eigen stoel zat en haar ogen sloot, zei ze:

"Ik kan je niet vertellen hoe fijn het is weer thuis te zijn."

Er kwam veel bezoek en soms werd er gezegd dat het een wonder was dat ik dit voor haar kon doen. Er was namelijk niemand van haar familie of vriendinnen die beschikbaar was. Ik zei dan dat het alleen mogelijk was, omdat ik geen huis had, maar alleen een camper. Ik knipoogde dan naar Rosemary.

Deze ervaring was zo anders dan die ik met mijn cliënten meegemaakt had. Die waren een stuk ouder, maar je eigen vriendin van dezelfde leeftijd, dat was anders, dat was erg moeilijk. Ze kreeg meer pijn en moest op een gegeven moment elke twee uur een pijnstiller innemen, ook 's nachts. Ik ben toen naast haar gaan slapen in haar 'king-size' bed.

Toen ze zwakker werd, heeft ze om een ziekenhuisbed gevraagd. Dat kwam in de woonkamer te staan, waar ik naast haar op de bank sliep. Het werd een emotionele tijd, waarin iedereen nog even langs wilde komen. Ook haar dochter en schoonzoon met de twee kleinkindjes kwamen uit Florida, 1840 km van Rosemary vandaan.

Mijn ervaring met het hospice kwam goed van pas. Iedereen was er toen ze vredig de strijd moest opgeven. Het was 6 oktober 2003. Ze was een heel goede vriendin die mij vaak met haar wijsheid geholpen had en die ook ontzettend geestig kon zijn. En nu was ze er niet meer.

Dat ik haar tot het einde kon helpen was echt bijzonder, want als ik een appartement in Californië gehad had, was dit nooit mogelijk geweest. Ik zie het zo: ik móést dus dakloos worden en werd het ook, alsof het de normaalste zaak van de wereld was. Ik kijk hier met grote verbazing op terug, ook met eerbied aan God, die alles in Zijn hand heeft.

De kerkdienst was mooi, maar emotioneel en de volgende dag na de bijzetting in het familiegraf, ben ik weggereden. Maria, Rosemary's beste vriendin, gaf mij een doos met allerlei lekkere dingen voor onderweg. Van Rosemary's familie kreeg ik een zeer groot bedrag, waar ik heel blij mee was. Ze noemden mij een engel uit de hemel, die op het juiste moment gekomen was.

35

Californië, ik kom eraan!

Het was een lange, lange weg terug. Ik onderbrak de reis door twee dagen bij een vriendin in Ohio te stoppen. Zij was gymnastieklerares en toen zij op maandagochtend naar school ging, zou ik doorrijden naar huis. Maar na één kilometer kon ik merken dat mijn automatische transmissie niet goed werkte. De hoogste versnelling deed het niet meer.

Zou ik doorrijden, zou ik stoppen? Het antwoord kwam na nog een kilometer, want toen werkten de twee hoogste versnellingen niet meer. Nu móést ik het laten maken, want zo kon ik geen duizenden kilometers rijden. Ik stopte in een klein dorp bij het postkantoor. Ik wilde een brief posten en zou aan de postbeambte vragen waar ik de transmissie kon laten maken.

Die dag was Columbus dag en dat is een vrije dag voor ambtenaren, dus was het postkantoor gesloten. Ik zat achter het stuur te bedenken wat ik moest doen. Ik kon mijn vriendin niet bellen want ik had geen nummer van haar school. Ik bad en vroeg om iemand die ik kon raadplegen. Er parkeerde een auto naast mij met een jonge moeder en twee kleine kinderen erin. Ik stapte uit en vertelde haar mijn probleem. Of zij mij een garage kon aanbevelen.

"Er is niets in dit dorp, maar in de volgende stad, Springfield, is een Aamco garage, die wij met tevredenheid gebruikt hebben."

Ik bedankte haar en ging weer achter het stuur zitten. Aamco is een nationaal bedrijf. Je hebt ze door het hele land. Ik herinnerde mij nu ook de reclame op de televisie. Dus als ik het hier liet maken, gold de garantie door het hele land. Wat een uitkomst. 'Dank U Here voor uw leiding'.

Ik zocht een telefooncel en raadpleegde het telefoonboek, belde Aamco en kreeg instructies hoe ik er moest komen. Het waren aardige mensen en een prettige plaats om te wachten.

Het zag er niet goed uit. Ik moest een nieuwe transmissie en het zou pas drie dagen later klaar zijn. Het kostte heel veel geld, maar gelukkig kon ik er het geld van Rosemary's familie voor gebruiken.

‘s Avonds om zes uur bracht de manager mij naar mijn vriendin. Zij vond het gezellig dat ik langer bleef.

Na deze grote reparatie reed ik door naar Belleville, want ik wilde daar nog één kerkdienst meemaken. De volgende ochtend vertrok ik om vijf uur en reed vijf dagen achter elkaar. Daar had ik erg tegenop gezien en het was ook niet makkelijk.

Ergens in Kansas gebeurde nog iets waarvan ik zeg: ‘Dank U Heer’. Ik had getankt en reed weer op de grote weg. Opeens kreeg ik een krachtige ingeving:

‘ga van de weg af en kijk je oliepeil na’.

Toen ik de oliepeilstok eruit haalde, zat er geen olie aan. Snel vulde ik het aan met twee liter olie. Ik wist dat de motor olie gebruikte, maar was het helemaal vergeten na het tanken na te kijken. Ik was ook zo in mijn gedachten bezig geweest met wat er de afgelopen vier maanden gebeurd was.

Ik had besloten de noordelijke route te nemen, omdat ik nooit graag dezelfde weg terug neem. Bij Denver, Colorado, dat op 1,600 meter ligt, hoorde ik op de radio dat er over twee dagen sneeuw zou vallen. Ik ontsnapte dat net. De volgende stop was Salt Lake City. Ik heb daar om de kathedraal van de Mormonen gelopen. Ook reed ik langs een zoutvlakte en ben gestopt om wat zout in een zakje te doen. Maar verder was het rijden en nog eens rijden.

Ik zou Californië binnenkomen ter hoogte van San Francisco en zou op de oprit bij Michael gaan staan en de volgende dag David en zijn vriendin Jenny ontmoeten.

Mijn één na laatste stop was Reno, Nevada. Ik was zo opgelucht dat ik er bijna was en zo blij dat het allemaal goed gegaan was, dat ik mijzelf op een motel kamer trakteerde.

Het was heerlijk Michael, David en Jenny na acht maanden terug te zien. Michael was erg veranderd. Hij had nu een grote rode baard.

Daarna reed ik door naar San Luis Obispo, waar ik op 30 oktober de stad binnenkwam. Pas toen ik door de vertrouwde straten reed, realiseerde ik mij wat ik had ondernomen. Een heel goed gevoel kwam over mij.

Ik had zes jaar voor Amy gezorgd en een reis van acht maanden naar Connecticut en terug. Nu kon ik weer aan mijzelf denken.

36

Eindelijk weer naar Nederland

Ik besloot in het voorjaar eindelijk na acht jaar weer naar Nederland te gaan.
Mijn schoolvriendin Gerda den Dulk nodigde mij uit om bij haar te komen logeren. Ze kookte vijf weken elke avond een heerlijke Hollandse maaltijd.

Mijn vriendin Jos Neuteboom huurde een huisje in Port-Zélande. Haar dochter Joyce, zou ons een paar dagen komen vergezellen. Op de kleuterschool 'De Springplank' in Voorschoten, was ze één van mijn leerlingen geweest. Het werd een zorgeloze vakantie.

Op koninginnedag wilden wij graag de vrijmarkt in Harderwijk bekijken. In Amerika kennen wij ook dit systeem van tafels met tweedehands spullen, maar natuurlijk niet op zo'n grote schaal als een heel stadje. Eindeloos veel nauwe straatjes met aan weerskanten tafels. Ik keek mijn ogen uit en zag zoveel Hollandse spulletjes die ik wilde kopen, maar moest mij beperken tot platte, lichte spullen. We liepen van acht tot elf uur rond en hadden nog niet eens alles gezien. Ik had genoten en zomaar ineens liet ik mij ontvallen:

"Ik vind dit zo leuk, ik wil volgend jaar weer komen."
Het floepte er zo uit, wat raar was, want ik ging nooit elk jaar naar Nederland.

Gerda's zusje Janneke en haar man Jaap Eggermont nodigden Gerda en Ruud uit om een week naar hun zomerhuis in Frankrijk te gaan. Ik zou in Ermelo op de hond passen. Toen ze terugkwamen en wij aan tafel zaten, vertelde Gerda dat Janneke gevraagd had hoe ik het in Nederland vond. Gerda had geantwoord dat ik het zo leuk vond dat ik het volgende jaar weer wilde komen.

"Janneke heeft voor volgend jaar een baantje voor je."
Ik ging een beetje rechtop zitten en spitste zogezegd mijn oren en keek haar vragend aan.

"Of je volgend jaar de hele maand augustus op haar huis en hond wil passen."
Ik ging nog eens wat rechter zitten.

“Ja, en je mag ook haar auto gebruiken. Zou je dan weer kunnen komen?”

“Ja, natuurlijk.”

‘s Avonds in bed dacht ik er nog eens over na. Wat kon ik vier weken in Blaricum doen, terwijl ik op de hond paste? Ik kende er niemand, maar ineens kreeg ik een idee. Ik heb daar prachtig de tijd om eindelijk mijn boek te schrijven.

37

Een zeer 'toevallige' ontmoeting

Terug in San Luis Obispo werd ik opgebeld door een oudere dame, die ik had leren kennen via één van mijn cliënten. Zij vroeg of ik op zaterdagmiddag haar auto wilde gebruiken om haar naar een winkel in de stad te brengen. Ja, dat kon ik voor haar doen; het was de eerste keer en achteraf gezien was het heel belangrijk. We parkeerden in een zijstraat en terwijl wij samen op de stoep liepen, keek ik toevallig naar rechts en zag een man die mij bekend voorkwam. Ik sprak zijn naam uit, hij kwam meteen naar mij toe en gaf mij een omhelzing. Hij nam natuurlijk aan dat ik hem kende van Mannatech.

Vlug legde ik aan mijn cliënt uit dat hij de president was van het supplementen bedrijf Mannatech, waar ik bij hoorde. Hij woonde in Dallas, Texas (2540 km van ons vandaan) en nu stond hij gewoon in mijn stad en liep ik 'toevallig langs hem'. Als ik niet naar rechts gekeken had, had ik hem gemist.

"Wat doe jij in mijn stad?"

"O, we zijn met z'n vieren op business reis en onze vrouwen zijn aan het winkelen."

Ik zei dat ik met mijn cliënt door moest lopen maar dacht na, terwijl wij liepen, wat ik hem kon vragen als hij er nog stond. Dit was mijn kans, want als ik de conventies in Texas bijwoonde, stond hij op het toneel en hield een speech, waar wij met duizenden naar luisterden.

Nadat mijn cliënt gekocht had wat zij nodig had, liepen wij terug en ik zag dat de president nu alleen op een bank zat en zo te zien genoot van even niets doen. De drie andere top mannen zaten op een andere bank. Mijn cliënt ging naast de president zitten, terwijl hij vroeg hoe het met haar ging. Ze vertelde dat ze net terug was van Rusland en daar wilde hij alles van weten. Ik wachtte af, maar popelde om mijn vraag te stellen. Dat zag hij wel, maar nam rustig de tijd voor mijn cliënt. Toen keek hij mij aan en vroeg:

"Ik geloof dat je een vraag voor mij hebt?"

Ik vroeg waarom de gel van ons merk een andere label had gekregen.

Eerst was het een medicinale gel, die je maar zeven dagen achtereenvolgens mocht gebruiken. Ik gebruikte die gel alleen op de plekken waar ik gekrabd had. Hij vertelde mij dat het nog steeds dezelfde samenstelling had, maar nu een gel is voor algemene huid verzorging.

"Je kunt het net zo vaak op je gezicht doen als je maar wilt."
Hij had waarschijnlijk gezien dat ik een slechte huid had van zesenvijftig jaar krabben. Ik bedankte hem voor het advies, vertelde dat ik het heel bijzonder vond dat ik hem had ontmoet en wenste hem succes.

Terug in de camper begon ik meteen met de gel en omdat ik extra producten van het poeder, waar Amy en ik zes jaar geleden mee begonnen waren, in voorraad had, nam ik zomaar ineens het dubbele er van in. Het poeder had mij al van overmatig niezen en andere overgevoeligheden afgeholpen, maar die jeuk bleef. Het was net alsof ik een wild beest in mij had, waardoor ik steeds mij moest inhouden om niet te krabben. Als ik sliep lukte dat natuurlijk niet, dus keek ik elke ochtend waar ik gedurende de nacht mijn huid open had gekrabd. Ik begon op die zaterdagavond met de dubbele hoeveelheid en daarna twee keer per dag.

Na vijf dagen, halverwege de dag, gebeurde er een wonder. Het wilde beest in mij vloeide er van boven naar beneden uit. Het was een heel duidelijk gevoel waar ik van stond te kijken, maar echt geloven kon ik het nog niet. Maar de jeuk bleef weg, ik sliep beter en had geen open gekrabde plekken meer. Van de oude wonden vielen korstjes af en langzaam begon ik erin te geloven.

Een paar maanden later liep ik tegen iemand aan die ik van de kerk kende, hoewel wij nooit met elkaar gesproken hadden. Ze zei, kijkend naar mijn gezicht: "Wat heb jij een mooie huid."
Ik had een heel zachte huid gekregen, maar wist niet dat het anderen opviel.

Nu, al die jaren later, vind ik het nog een wonder. Als je zesenvijftig jaar lang weet, dat je een lelijke huid hebt en dan keer op keer meemaakt dat mensen je een compliment geven over je mooie huid, dan is dat elke keer bijzonder; met recht een wonder!

Toen ik als kind in bed zo vaak gebeden had voor mijn huid en dat het nu eindelijk was uitgekomen, daar was ik God intens dankbaar voor. Die ontmoeting met de president van Mannatech was in mijn ogen niet toevallig.

38

Een grotere woning, ook op wielen

Op 2 maart was het zes jaar geleden dat ik de camper gekocht had. Ik had mij daar al die tijd zeer tevreden in gevoeld. Zó tevreden dat ik er zelf versteld van stond. Het plafond was laag zodat ik er niet rechtop in kon staan; hij was eigenlijk helemaal niet geschikt om er permanent in te wonen. Daarbij kwam dat ik ook nog een home business had met het nodige papierwerk en brochures. Maar zoals ik al eerder zei, was ik echt helemaal tevreden.

Op 3 maart werd ik wakker, keek om mij heen en ineens wilde ik deze camper niet meer. De hele maand maart werd ik steeds ontevredener, maar ik nam geen actie. Ik dacht zeker niet aan het kopen van een grotere camper.

Op een zaterdag, het was nu eind maart, werd ik wakker en ontdekte dat het gelekt had. Ik had de regen wel op mijn dak horen kletteren, maar niet gemerkt dat precies naast mijn hoofd mijn kussen kletsnat was. Ik zocht waar het lek zat, maar kon het niet vinden.

In het telefoonboek vond ik het nummer van de dealer, waar ik mijn camper gekocht had. Hij kon mij misschien advies geven. Ik ging meteen naar hem toe en vond hem erg hulpvaardig. Indertijd had ik op bijzondere wijze deze camper gevonden, toen ik bij hem kwam kijken. Deze dealer verkocht namelijk alleen caravans. Nadat de dealer mij geholpen had liep hij haastig naar zijn kantoor vanwege de regen. Voordat hij de deur bereikte, rolde deze vraag plotseling uit mijn mond:

"Hebt u ook campers te koop staan?'

Hij draaide zich om en zei:

"Ja, maar één. Het is ook een Toyota, maar hoger, het is een Dolfijn."

"Mag ik hem zien?"

"Hij staat helemaal aan het eind. De deur is niet op slot, ga maar kijken."

Vlug ging ik er naar toe, liep er twee keer omheen en zag dat de buitenkant er nog heel goed uitzag. Toen opende ik de deur, liep twee treden naar boven en voelde heel sterk 'dit is het' over mij komen en werd ik meteen helemaal enthousiast. Ten eerste kon ik in deze camper rechtop staan. Ten tweede was het twee persoons bed boven de bestuurderscabine, dus bleef er genoeg ruimte over voor een bank, twee stoelen en een tafel. De keuken was ook groter, met een grotere ijskast, een badkamertje met WC die doortrok en nu ook een douche cabine.

Ik heb daar echt een tijd verbouwereerd gezeten. Ik zag het zuiver als een geschenk van God. Ik kon het niet meer uit mijn gedachten zetten. Dit was precies wat ik nodig had. Ik had jaren geleden aandelen van Mannatech gekocht toen ze heel laag stonden. Nu kon ik er een deel van verkopen.

Deze grotere camper stond in consignatie en het handelen over de prijs ging met een vrouw die in de staat Oregon woonde. Het duurde een paar dagen, maar daarna was hij mijn eigendom.

Op 7 april werd hij afgeleverd en op 25 april vertrok ik naar Colorado (1872 km), waar ik Michael zou ontmoeten. Zonder deze grotere camper hadden wij in een motel moeten zitten, maar nu was er plaats om daar samen de dag en avond in door te brengen. Michael sliep in zijn verbouwde busje.

Ik had hem ruim een jaar niet gezien en was een beetje vergeten hoe vrolijk hij was en hoe hartelijk hij om zoveel dingen kon lachen. Het was nog koud buiten, daarom was het gezellig binnen met de kachel aan. Ook kookte ik elke avond, want dat was nu zo makkelijk. Toch moesten wij, na vijf heel gezellige dagen, afscheid nemen, wat mij moeilijk afging. Michael zou zijn rondreis door Amerika voortzetten, helaas wist ik niet wanneer ik hem weer zou zien.

39

Huwelijk van David en Jenny, en het eerste kleinkind

Halverwege januari 2005 belde David mij op om te vertellen dat hij Jenny ten huwelijk gevraagd had.

"O, David, wat fijn! Knielde je op één knie en nadat Jenny 'ja' zei, gaf je haar toen de verlovingsring?"

"Ja, zo ging het."

"Ik ben heel blij voor jullie."

De traditie is dat een verlovingsring alleen voor de vrouw is. Het is meestal een ring met een diamant. De trouwringen worden pas tijdens de huwelijksplechtigheid om de vinger gedaan.

Er stond dus een huwelijk in de planning voor mei 2006 en dat was heel speciaal. Het was een driedaags evenement in het plaatsje Napa omringd door wijngaarden. De meeste huwelijken vinden op zaterdag plaats, met op vrijdag avond de generale repetitie. Alles wordt doorgenomen: de volgorde van binnenkomst, wie waar zit, de zinnen die zij uitspreken. Daarna is er een diner (rehearsal dinner), dat voor rekening van de ouders van de bruidegom komt. Alle andere kosten zijn voor de ouders van de bruid.

Het was begin 2010 toen mijn oudste zoon David belde: "Mama, Jenny en ik zijn in verwachting!" Het overviel mij en werd zeer geëmotioneerd. Zij waren al bijna vier jaar getrouwd en allebei even in de dertig. Ik had er niet meer op gerekend en nu ineens dit mooie bericht. Ik feliciteerde hen en zei dat ik zo blij voor hen was, maar na een tijdje drong het tot mij door dat ik voor het eerst Oma zou worden en werd weer emotioneel; huilen en lachen. Later bleek dat Jenny's moeder precies had gereageerd zoals ik. De volgende dag kocht ik in de winkel van de universiteit een beertje met een hemdje met het logo van David's universiteit erop. Ik stuurde het naar hen; toch leuk om al een knuffel te hebben.

Het werden spannende maanden, want er waren complicaties waardoor Jenny thuis rust moest houden. Dat vond ze heel moeilijk omdat ze hield van haar drukke fulltime job. Eindelijk was het zover dat zij naar het ziekenhuis konden voor de bevalling. David had zich heel erg verheugd om de hele bevalling mee te maken. Maar het duurde te lang en plotseling werd hij uit de verloskamer naar de gang gestuurd, want de dokters begonnen aan een keizersnee. Daarna ging het snel en kon David zijn dochter Madison in zijn armen nemen.

Ik kwam vijf dagen later toen ze weer thuis waren. Jenny was nog erg zwak, dus David deed alles. Toen ik zat, presenteerde hij Madison aan mij met de woorden:

"Mama, hier is je kleindochter!"

Wat een moment, weer een traantje wegpinken! David was heel handig met het verschonen van de luiers, dat had hij in het ziekenhuis geleerd.

Ik bleef een paar nachten slapen en moest toen weer de lange weg terug. 340 kilometer, maar behalve 5 minuten naar de oprit en 5 minuten van de afrit af, reed ik de hele tijd op de snelweg 101. Met tanken en een hapje klaarmaken in de camper deed ik er zes uur over.

40

Hoeveel AOW?

Ongeveer drie maanden voordat ik 65 jaar werd, wilde ik toch weleens weten hoeveel AOW ik zou krijgen. Ik had geschat dat het misschien tussen de 25 en 50 euro per maand zou zijn. Natuurlijk niet veel, maar als ik dat zou sparen zou het misschien mogelijk zijn om na een flink aantal jaren naar Wimbledon te gaan en daar op de tribune wedstrijden te volgen. Dit was altijd al een droom van mij.

Ik belde, voor mij, midden in de nacht met de SVB in Groningen en kreeg een aardige medewerker aan de lijn. Hij vond mij via mijn burger service nummer.

"Mevrouw Rietveld (ik dacht even dat hij mijn moeder bedoelde, aangezien niemand mij ooit mevrouw Rietveld had genoemd), wij beginnen te tellen bij 15 jaar. Hoe oud was U toen U emigreerde?"

"28 jaar."

"Dat is 13 jaar; wij rekenen 2% per jaar, U krijgt 26% van een volledige AOW."

Waarop ik uitriep:

"O, meneer, meneer, meneer!"

Waarop hij uitlegde dat ik een supplement kon ontvangen. Daar begreep ik niets van. Ik zit in de supplementen business, maar wat hij bedoelde ontging mij totaal.

"Ik begrijp U niet."

"Als U van dat bedrag niet rond kan komen, hebben wij nog een aanvulling voor U."

"U bedoelt steun trekken?"

"Ja."

"O nee, meneer, ik ga niet naar Nederland om steun te trekken, echt niet."

Ik wist genoeg en zou de formulieren snel invullen. Die nacht zat ik op een roze wolk. Het was heel fijn te weten dat ik naar Nederland kon gaan om daar, van gespaarde AOW, een aantal maanden te leven.

Maar de raderen van de ambtelijke molen draaien langzaam. In november was ik al in Nederland, weer in Blaricum, om mijn verjaardag te vieren, toen er nog geen AOW op mijn Nederlandse Rabobank rekening stond. Trouwens, heel bijzonder, ik heb ook een Amerikaanse Rabobank rekening, want 41 filialen in mijn stad en omgeving waren gekocht door de Rabobank Nederland. Dat gaf toen nogal wat ophef, want hoe kan een bank in een piepklein land zoveel filialen kopen.

41

Oplossing voor geldnood

Drie keer bellen naar Groningen hielp niet het proces te versnellen. Ik was tijdens die periode op bezoek bij Piet en Wil Verboon in Voorschoten en vertelde hen dat ik een baantje zocht. Piet zat vaak op een senioren site te kijken en herinnerde zich iets gezien te hebben.

"Laten we maar eens gaan kijken of het er nog op staat."

Ja hoor, een vrouw uit Dordrecht zocht een verzorgster voor een maand in Spanje. Ik werd meteen helemaal enthousiast! Zij zou via de Medische Luchtbrug een nieuwe knie krijgen, maar moest een verzorgster meenemen. Ze zou mijn tickets en mijn maaltijden betalen en ik zou bij haar, in het zorghotel in de buurt van Benidorm, de slaapbank gebruiken.

Hoe was dit mogelijk; zomaar hartje winter een maand naar Spanje. Een gehuurd autootje zat ook bij het arrangement, want ik moest mijn cliënt eerst in het ziekenhuis in Benidorm opzoeken en daarna vanuit ons zorghotel dagelijks naar fysio therapie rijden. Er was een Nederlandse chirurg en in de fysio praktijk werkten veel Nederlanders. Dit alles werd vergoed door de zorgverzekeraar. Het blijkt dat mooi weer én vijf dagen in de week twee uur fysio therapie het herstel sterk bevordert. Maar ik denk ook dat het voor de zorgverzekering voordeliger uitkomt.

Als wij 's middags op een terras zaten, dan keek ik met verbazing naar de Middellandse Zee en kon bijna niet geloven dat ik in Spanje zat. 's Avonds begonnen wij om 8 uur met het kijken naar Nederlandse televisie zenders, maar op maandag 28 januari 2013, kreeg ik een sterk gevoel om de televisie eerder aan te zetten. Het was twee minuten over zeven toen ik met verbazing zag dat Koningin Beatrix iets heel belangrijks aankondigde. Al gauw bleek dat zij op Koninginnedag afstand zou doen van de troon. Na haar toespraak was de hele avond gewijd aan haar leven en zag ik zoveel beelden die ik nog nooit gezien had. Ik genoot met volle teugen en vond dit een heel historische avond, maar helaas had mijn cliënt er na 10 minuten al genoeg van. Aangezien zij elke avond haar programma's volgde, (waar ik totaal geen interesse in had, maar er wel bij moest zitten), wilde ik echt deze avond alles zien. Zij niet en liep demonstratief naar haar slaapkamer. Dit was achteraf het enige moment van wrijving tussen ons. Ik bedacht mij later dat zij weleens helemaal niet koningsgezind zou kunnen zijn.

Na een maand was mijn cliënt goed gerevalideerd en vlogen wij terug naar Rotterdam. Vandaar werd ik in Voorschoten afgezet en ging met een heel voldaan gevoel naar bed.

42

Een woonruimte en wat voor een

Begin januari 2014 kwam ik weer in Nederland aan en zoals gewoonlijk bleef ik eerst bij Gerda en Ruud den Dulk in Ermelo logeren. Het was weer heerlijk om terug te zijn, want dat gezellig met elkaar koffie en thee drinken mis ik in de VS. Na een paar dagen bracht Gerda mij naar Wageningen, waar ik twee kleine kamers mocht gebruiken in het huis van Ies en Marian Bos. Aangezien het te koop stond, waren zij al verhuisd naar een ruim appartement in de verbouwde steenfabriek "De Plasserwaard" aan de Neder-Rijn buiten Wageningen.

Het vrijstaande huis was wit en droeg de naam "Het Witte Paard", want de vorige bewoner was een dierenarts geweest met praktijk aan huis. Gerda en ik belden aan en een vriendelijke vrouw, met een zwaar accent, liet ons binnen, ging ons voor de trap op naar de kamers die ik mocht gebruiken. De slaapkamer was pal op het noorden, geen probleem. De andere kamer was klein en lag op het oosten waar, in de winter, vrijwel geen zon naar binnen zou schijnen. De vrouw legde uit dat zij door deze kamer moest lopen om naar de zolder boven de vroegere praktijk ruimte te komen, waar zij haar was te drogen hing.

Daarom had zij een beter idee. Haar volwassen zoon zou in deze kamer kunnen slapen en ik kon dan de kamer gebruiken waar hij nu zat. Ze liep ons voor over de overloop en opende de deur om de kamer te laten zien. Ik stond totaal perplex, want dit was een enorme grote kamer met een groot raam op het oosten en ramen en balkon deur op het zuiden. Ik keek Gerda aan en vroeg:

"Waar heb ik dit aan te danken?"

Zo'n mooie kamer met een blauw geverfde deur op schragen als bureau en een bureau stoel, een Ikea luie stoel, een klein zitje met tafeltje en een grote hangkast. Wat een luxe! Er bleef nog aardig wat ruimte over om te dansen en dat had ik zo willen doen.

Ik bedankte Gerda voor het wegbrengen, nam afscheid en maakte kennis met de buitenlandse vrouw. Haar man, zijzelf en hun zoon waren gevlucht uit Afghanistan en woonden op de begane grond. Op zolder waren twee kamers verhuurd aan twee oudere studenten die bezig waren met hun Masters studie aan de Universiteit Wageningen. Eén kwam uit Rusland en de ander uit Vietnam.

Die jonge mannen hadden hun eigen keukentje en badkamer. Het echtpaar en ik deelden de grote keuken; ik zou om 5 uur koken en zij na mij. Ik at mijn warme maaltijd in mijn kamer en zij gebruikten de eetkamer. Het verliep allemaal in harmonie.

43

De krimp in de kerk

Al jaren volgde ik het nieuws over de Protestantse Kerken in Nederland. De sporadische bezoeken aan kerkdiensten in de tachtiger en negentiger jaren gaven mij een goed beeld van de krimp in de kerk. Het aantal gemeenteleden werd minder, maar ik zag ook weinig jonge mensen met kinderen in de kerk.

Het was dus niet verrassend dat de Gereformeerde Kerken in Nederland, de Nederlandse Hervormde Kerk en de Evangelisch-Lutherse Kerk in 2004 samen gingen onder de nieuwe naam Protestantse Kerk in Nederland, de PKN.

Ik had dus een fijne, ruime woonplek vlakbij de binnenstad van Wageningen en zocht evangelische kerkdiensten waar ik in de VS aan gewend was. Ik probeerde twee kleine kerken en beide keren werd ik niet verwelkomd. Niemand die mij aansprak, zelfs de predikant begon zijn preek met een up-date over een situatie waar ik dus niets van begreep. Alsof hij niet gewend was dat er nieuwe mensen in zijn kerk zouden zitten. Na de dienst keken de mensen wel naar mij, maar niemand zocht contact.

De volgende zondag ging ik naar een traditionele dienst in de Bevrijdingskerk, een PKN kerk. Voordat ik de kerkzaal binnen ging, stond er een oudere vrouw papieren uit te delen. Terwijl ik het papier aanpakte, vertelde ik haar dat ik hier voor het eerst was. Helaas kwam er geen reactie. Na de dienst bleef ik koffiedrinken en zag dat velen reuze plezier hadden rond de sta tafels. Het was duidelijk dat iedereen elkaar kende en blij was weer bij te praten. Ik stond met mijn kopje koffie tegen de muur het allemaal gade te slaan. Ik verwachtte niet van gemeenteleden dat zij zouden opletten of er nieuwe mensen koffie bleven drinken, maar ik zag ook gemeenteleden met een naamkaartje op. Dat waren ouderlingen en diakenen en van hen zou je verwachten dat zij nieuwe mensen wilden leren kennen. De dienst was formeel, niet te vergelijken met wat ik gewend was. Ik was dus teleurgesteld, maar kwam de volgende zondag weer. Het is moeilijk je voor te stellen, maar hetzelfde gebeurde weer. Ook de derde zondag en toen zei ik tegen mijzelf:

"Hier ga ik niet meer naar toe, ze hebben mij blijkbaar niet nodig." Natuurlijk komt men niet voor de mensen naar de kerkdienst, maar ik kon niet van de nieuwe liederen genieten en de preken waren niet zoals ik die in de VS gewend was. Geen wonder dat de krimp in de kerk zit. Even tussen twee haakjes: tijdens de drie opeenvolgende zondagen was de tweede predikant, dominee Erica Hoebe, niet aanwezig.

44

De Olympische Winterspelen

Ik bleef zondags dus thuis en het kwam fantastisch uit dat ik het oude kleine televisietoestel van An Streeder had overgenomen. Met een bus, twee treinen en weer een bus kon ik met behulp van een karretje met twee wielen (wat wij vroeger voor koffers gebruikten) het toestel van Voorschoten naar mijn kamer in Wageningen brengen. Zo kon ik kerkdiensten op de televisie vinden. Er was er één die vanuit de VS uitgezonden werd en die ik daar zelf vaak bekeek. Het is de Hour of Power (hourofpower.nl) met dominee Bobbie Schuller, een jonge enthousiaste dominee die fantastisch preekt. Wat ik zo fijn van deze dienst in Nederland vond, is dat er plaats is voor een Nederlandse getuigenis verzorgd door Jan van den Bosch. Die dienst werd dus een hoogte punt van de zondag. Maar toen was er nog veel meer te zien, namelijk de Olympische Winterspelen. Ik heb zoveel mogelijk gevolgd en er erg van genoten. Je moet je realiseren dat ik in een kleine camper woon zonder internet of televisie en nu in een zaal van een kamer met internet en een televisietoestel. Halleluja!!

45

Reis naar Israël?

Ik moet even een sprongetje terug in de tijd maken, want in september 2013 liet onze dominee Ron Salsbury aan het einde van de dienst weten, dat hij en dominee Dave Vasquez en hun vrouwen in het voorjaar van 2014 samen met een groep gemeenteleden een reis door Israël zouden maken. Als je geïnteresseerd was, kon je voor informatie terecht bij een tafel in de hal. Ik had al meteen mijn besluit genomen; ik wilde niet naar Israël!

Terwijl ik door het middenpad naar de deur liep, kwam er een sterk gevoel bij mij binnen. Ineens wilde ik wel naar Israël, dus vroeg ik om informatie. Ik vertelde dat ik in het voorjaar in Nederland zou zijn en of ik vanuit Amsterdam naar Tel Aviv kon vliegen. Dat was mogelijk en dat maakte de reis voor mij een stuk goedkoper. Toch was het nog een heel bedrag en daarom vertelde ik dominee Dave Vasquez dat ik meer moest verdienen om dat mogelijk te maken. Ik heb hier natuurlijk voor gebeden, maar het wel helemaal overgelaten aan God. Dat gaf een rustig gevoel.

Het was echt opmerkelijk hoe er vanuit verschillende hoeken extra werk kwam. Uiteindelijk was het mogelijk om toch naar Israël te gaan. Hoe speciaal was dat! Een reis met de dominee en zijn vrouw en een groep mensen van je eigen kerk.

'O, Vader, wat ben ik dankbaar voor Uw zegeningen'.

In maart toen het in Nederland nog koud was, vloog ik naar Tel Aviv in afwachting van de groep die vanuit Los Angeles, na een lange vlucht, moe aan kwam. Het was voor mij de eerste keer dat ik aan een georganiseerde reis deelnam, daarom wist ik niet of ik dat fijn vond, maar het viel allemaal reuze mee. Het waren wel lange dagen, zoals om half acht aantreden bij de bus en om 6 uur 's avonds voor het avond eten weer terug in het hotel komen. Maar ik vond het heerlijk dat alles verzorgd was. Dominee Ron Salsbury en zijn vrouw Cathi waren er helaas niet bij, vanwege een nieuwe chemokuur voor Ron.

Wat grote indruk op mij maakte was de tuin van Gethsemané met heel oude en daardoor ook heel dikke olijfbomen. Er werd voorgesteld dat wij, ieder voor zich, tijd in die tuin konden doorbrengen. Ik ben tussen die oude bomen gaan zitten en geprobeerd mij voor te stellen wat de Here Jezus te wachten stond. Dat was een emotioneel moment waar ik heel dankbaar voor was en nog steeds ben.

Een andere ervaring was de boottocht over het Meer van Galilea. Op sommige momenten zag je alleen water en de heuvels in de verte, precies zoals de Here Jezus het gezien had. Er waren nog zoveel meer veelbetekenende ervaringen, teveel om hier over uit te wijden: zoals gedoopt worden in de Jordaan, lopen in Jeruzalem op de Via Dolorosa, drijven in de Dode Zee en avondmaal in de tuin bij de grot waar Jezus in gelegd werd na de kruisiging. Dat ik dit allemaal mocht meemaken; daar ben ik intens dankbaar voor.

Vlak voordat ik eind april weer terug naar de VS vloog, vierden wij de eerste Koningsdag op de 26ste aangezien Koning Willem-Alexander op zondag jarig was. Het was voor mij heel speciaal om tussen al die Hollandse spullen te snuffelen en het nodige te kopen. Twee dagen later zat ik in het vliegtuig naar San Francisco, maar moest in Philadelphia overstappen.

46

Philadelphia

Een directe vlucht is altijd duurder, dus had ik dit keer een goedkopere vlucht geboekt en moest zodoende vijf uur in Philadelphia tijd doden. Ik was er voor het eerst en vond het een prachtig vliegveld met een brede promenade waar, langs beide kanten, een hele rij witte houten schommelstoelen stonden. Er waren natuurlijk een heleboel winkels, waarvan de boekwinkel heel groot was.

'Nee, je koopt geen boek. Lees eerst maar de boeken die nog liggen te wachten.'

Maar toen ik langs de boekwinkel wilde lopen, stond er een boekenrek zó ver op het wandelpad, waardoor ik er omheen moest lopen. Het hele rek stond vol met Christelijke boeken, dus kon ik het niet laten om even te kijken wat er tussen zat. Mijn oog viel op een boek met de foto van een jonge man, Nick Vujicic, die geboren was zonder armen en benen. Ik had hem weleens op de televisie in een kerk zien preken en vond hem zeer inspirerend. Hier zwichtte ik voor; dit boek "Life Without Limbs" (Leven zonder ledematen) moest ik lezen. Het was geen geluk, maar leiding 'van boven', dat ik er tegenaan liep, want het bleek heel belangrijk te zijn voor wat er het volgende jaar in Nederland zou gebeuren. Ik ben het op de terugweg naar San Francisco met veel plezier gaan lezen. Deze schrijver reist de hele wereld over om volwassenen, maar ook veel jong publiek, te vertellen dat Jezus van hen houdt, ongeacht hoe ze er uit zien. Hij zegt vaak:

"Kijk maar na mij. Ik dacht toen ik jong was dat ik niets waard was, omdat ik geen armen en benen had. Maar God heeft een plan voor iedereen, voor mij en ook voor jullie."

Halverwege het boek moest ik terug denken aan mijn ervaring bij de Bevrijdingskerk in Wageningen en wist ineens heel zeker dat ik het volgende jaar terug moest gaan en het dan moest volhouden, ongeacht of ik aangesproken werd of niet. Het was een duidelijke opdracht.

47
Terug naar Wageningen

In de herfst van 2014 schreef ik Ies en Marian Bos dat ik weer graag naar Wageningen wilde komen. Ik kreeg bericht terug dat de situatie in het Witte Paard, hun vorige huis dat nog steeds te koop stond, veranderd was. Het echtpaar uit Afganistan had van de gemeente een flat gekregen, waardoor de grote woonkamer voor mij klaar zou staan. Ook de slaapkamer boven was weer voor mij bestemd. Dat was heel goed nieuws, omdat ik nu een erker met ramen aan drie kanten had, waar een schrijftafel stond met uitzicht op de tuin. Wat een vooruitzicht! Alleen als het huis verkocht zou worden, moesten wij er natuurlijk allemaal uit.

Ja, ik ging weer naar de Bevrijdingskerk, dronk koffie na de dienst, keurig met een kop en schotel, lepeltje en koekje. Bij ons is dat altijd een papieren beker, lekker makkelijk. Weer stond ik tegen de muur heel geïnteresseerd de vrolijke conversaties gade te slaan. Weer niemand die naar mij toe kwam en mij misschien van vorig jaar herkende. Tweede zondag het zelfde liedje, maar ik zou volhouden.

De derde zondag stond ik daar weer alleen, maar toen wachtte ik een beetje langer met naar huis gaan. Er waren al wat mensen naar huis gegaan, toen er een vrouw met een vriendelijk gezicht naar mij toe liep, naast mij ging staan en zei:

"U staat hier zo alleen, ik dacht, ik ga maar naast U staan."

Dat was een moedig gebaar, wat ik zeer op prijs stelde.

De volgende zondag tijdens het koffie drinken, zocht ik haar op en ging bij haar staan. Nu wist ik ook haar naam, Marijke van der Giessen. Dat was het begin van onze vriendschap en door haar leerde ik ook andere mensen kennen.

Ik wilde graag een afspraak maken met de vrouwelijke predikant Erica Hoebe en dat was voor mij weer bijzonder, want de predikanten hebben geen kantoor bij de kerk, zoals bij ons. Nee, ik werd bij haar thuis uitgenodigd en omdat de drie jonge kinderen op school waren, dronken wij thee in de woonkamer. Het werd een fijn bezoek. Erica vertelde over haar oom die in Californië woonde en waar zij nog nooit geweest was. Ook over haar stage bij een kerk in een Engels sprekend land in Afrika, waar de gemeenteleden heel uitbundig zongen. Ik deelde mijn ervaringen in de VS en hoeveel er bij ons in de kerk georganiseerd werd. Dat de kerken waar ik in de loop van de jaren lid van was geworden, groeiden en waardoor zij hun gebouwen moesten uitbreiden. Ik wist toen nog niet dat dit bezoek voor Erica heel belangrijk zou zijn.

48

Het Witte Paard is verkocht!

Heel fijn voor Ies en Marian werd dan toch eindelijk hun huis, hoek Lawickse Allee en Lijnbaanstraat, verkocht en moesten wij allemaal verhuizen. Ik mocht de zeven weken voordat ik naar de VS terug ging, bij hen, in de Steenfabriek, in hun gastenkamer met badkamer en keukentje logeren.

Hun hele vorige huis met appartement stond vol met meubilair, huisraad en elektrische apparaten.

"Hoe kunnen we die kwijtraken?"

vroeg Marian zich af. Ik wist wel een oplossing: gewoon doen wat wij in Amerika doen. Alles op z'n plek laten staan, overal prijsjes opplakken en dan op een zaterdag een verhuis verkoping houden. Dat idee werd goed ontvangen.

Ik zou de flyers maken en in de studentenflats ophangen. Ook plakte ik flyers op palen in de zijstraatjes van de winkelstraat waar veel mensen langs liepen. Bij ons begint zo'n verkoping om 7 of 8 uur, maar Marian wilde het pas om 13 uur laten beginnen. Ik vond het heel spannend, want dit was iets nieuws. Om 12:40 uur begon zich al een rij bij het tuinhekje te vormen, dus ging ik naar buiten om te vertellen dat we pas over 20 minuten opengingen. Eindelijk ging de voordeur open en het tuinhekje en kwam er een stroom van mensen naar binnen. We legden uit dat alles wat ze zagen te koop was en ja, boven én op de zolder waren nog meer spullen. Het was echt heel leuk om te zien hoe blij iedereen was. Opeens kwam een vrouw, in uniform, naar binnen, stevende op mij af en vroeg of ik met deze verkoping te maken had.

"Ja, dat klopt."

"Mevrouw, heeft u een vergunning aangevraagd?"

"Nee, moet dat?"

"Ja zeker, u kunt niet zomaar een verkoping houden."

Marian kwam erbij en we legden uit dat dit echt de enige keer zou zijn dat we dit organiseerden. Toen kwam de klap op de vuurpijl: of de agente van de handhaving even zelf naar spulletjes mocht zoeken.

Toen zij de trap op liep, moesten Marian en ik wel lachen. Het liep dus met een sisser af.

49

Het aanbod

Gedurende de volgende maanden moest ik vaak aan het gesprek met Ds. Erica Hoebe denken. Het verschil van een Afrikaanse kerk met die van de PKN kerk in Wageningen kon niet groter zijn. Mijn kerk in de VS is een Evangelische Kerk en de diensten zijn heel vrolijk en levendig.

Ik vraag vaak om God's leiding, omdat ik weet dat Hij een plan voor mijn leven heeft. Op een ochtend kreeg ik dit idee: ik wilde heel graag dat Erica een week zou kunnen meedraaien met verschillende predikanten van mijn kerk. Daar zou zij misschien ook kunnen meemaken hoe belangrijk gemeente groei groepen zijn en hoe dat bij ons gestructureerd werd. Er zou in die week ideeën op gedaan kunnen worden, waar de kerk in Wageningen profijt van zou kunnen trekken. Ideaal zou zijn als Erica en haar man Niels bij mensen van de kerk konden logeren. Als ik in Pismo Beach, waar mijn kerk staat, een gezin kon vinden dat hen voor twee weken onderdak zou kunnen geven, zouden zij dan dit aanbod willen aannemen? Ik werd reuze enthousiast, maar op de een of andere manier verstuurde ik de e-mail niet. Het duurde een aantal weken voordat de e-mail naar Erica wegging.

Vrijwel meteen kreeg ik een e-mail terug; ze waren ook enthousiast over de mogelijkheid, en of het volgend jaar gedurende de mei vakantie zou kunnen plaats vinden. Tijdens een bezoek aan de Hoebe familie, namen we alles nog eens door. Niels, die nooit een verlangen naar Californië had gehad, vertelde mij dat hij de avond vóórdat mijn e-mail hen bereikte, 'toevallig' foto's van de kust van Californië bekeek en ineens een sterk verlangen voelde opkomen om daar naar toe te gaan. Dus toen de volgende dag mijn e-mail met het aanbod binnen kwam, was dat voor Niels heel bijzonder. Ik zag natuurlijk de hand van God hierin en begreep nu ook waarom ik zo getreuzeld had met het versturen ervan.

50

Kan ik een gastgezin vinden?

In juli vloog ik terug naar San Francisco en logeerde eerst bij mijn oudste zoon David, schoondochter Jenny en kleindochter Madison. Na een paar gezellige dagen nam ik de trein terug naar mijn stad, San Luis Obispo, waar mijn camper op mij stond te wachten. Zodra ik in de vertrouwde stoel zit en het stuur vast houd, ben ik weer thuis. Maar het wonen……. dat is elke keer weer moeilijk, zeker na vijf maanden in zo'n ruime kamer met aparte slaapkamer. Maar het moet, dus je past je aan.

Ik stond in die tijd bij een vriendin die aan het eind van een doodlopende weg woonde. Er was geen stoep, dus kon ik in de straat, langs de tuin parkeren en mijn snoer over haar gras in een buiten stopcontact steken. Ik had elektriciteit en daar was ik heel blij mee, maar geen internet. Het nadeel was dat er geen bomen langs de straat stonden, zodat er geen schaduw was. Zodra de zon op mijn ijzeren dak scheen, werd het binnen snel boven de 30 graden en dat is niet uit te houden.

Ik had even geen werk, maar al gauw was ik druk met nacht werk, maar ook overdag had ik verscheidene cliënten. Begin september, op een zondagochtend, kwam ik uit de nachtdienst en omdat het te laat was om nog naar mijn kerkdienst te gaan, zocht ik een plek met schaduw, want het was al behoorlijk warm. Het verslag wat nu volgt hangt van 'toevalligheden' aan elkaar. Ik parkeerde de camper langs een straat onder een boom. Ik stapte uit om te zien of ik goed stond en zag dat over een paar uur de zon toch op de camper zou schijnen. Dus startte ik de motor en zocht een andere plek. Ik reed naar een parkeerterrein waar grotere bomen stonden. Nu op zondagochtend was er plaats genoeg. Toen ik de zijdeur naar het woongedeelte wilde openen, zag ik een echtpaar een eind verderop mijn kant uit wandelen en herkende hen. Toen ik nog bij mijn oude kerk was, waren zij er ook en hadden we vaak contact gehad. Ik twijfelde of ik ze wilde ontmoeten, om te voorkomen dat ik moest zeggen dat ik bij die kerk was weggegaan. Toch besloot ik om ze tegemoet te lopen. Toen we elkaar ontmoetten, vertelde ik dat ik niet meer naar hun kerk ging.

Ze deelden mee dat zij daar ook waren weggegaan en nu naar een veel kleinere kerk gingen en zich daar thuis voelden. Ik werd uitgenodigd om de volgende zondag naar hun kerk te komen als dat mij uitkwam. Ja, dat wilde ik wel, want ik werkte 's nachts niet zo ver van hun kerk vandaan.

De volgende zondag kwam ik hun kerkje binnen en kon niet meteen het echtpaar vinden. Ik schoof dus een kerkbank in en ontdekte dat voor mij een vriendin zat, die ik uit het oog verloren was. Ik tikte op haar schouder, zij draaide zich om en was zo blij mij weer te zien. Ze kwam meteen naast mij zitten en vertelde dat ze alleen was, omdat haar man moest werken. We wisselden mobiele telefoonnummers uit en zij wilde beslist de komende week met mij ergens gaan wandelen, iets dat wij nooit gedaan hadden. Op vrijdag haalde zij mij op en gingen wij naar Montana de Oro. Het is een prachtig park langs de oceaan met ruig terrein, inclusief kliffen, stranden en heuvels met wandelpaden. Je kunt er lange wandelingen maken, want het terrein is ruim 3000 hectare groot. Het was prachtig weer en zo gezellig om er samen te lopen en te praten. Na een lange wandeling vonden wij een houten bank die op de rand van een klif stond. Zo hadden wij een prachtig uitzicht op zee. Terwijl wij naar de golven beneden ons keken, vroeg mijn vriendin waar God op dit moment in mijn leven mee bezig was. Ik vertelde haar van mijn tijd bij de Bevrijdingskerk en over de jonge, vrouwelijke predikant en haar man en het aanbod van mij om een gastgezin te zoeken, zodat zij in mijn kerk in Pismo Beach ideeën konden opdoen. Ze keek mij aan en zei:

"Ik wil ze onderdak aanbieden, de kinderen zijn uitgevlogen, er is ruimte genoeg."

Mijn mond viel open van verbazing, ik had nog niemand van mijn kerk gevraagd en nu bood mijn vriendin, die lid is van een klein kerkje in een andere stad, spontaan haar huis aan. Mijn vriendin en haar man zijn erg op missies gericht; beiden waren een paar maanden in Jemen en deden daar zendingswerk.

Meteen na het wandelen ben ik naar een internetcafé gegaan en heb daar een e-mail met het goede nieuws naar Erica verstuurd. Toen ik later weer internet had, kreeg ik een enthousiaste e-mail terug. Voordat zij de tickets wilden reserveren, wilden ze weten welk vliegveld beter was, Los Angeles of San Francisco? Ik adviseerde San Francisco, want als je aankomt is er tijd om een huurauto op te halen, motel aan de kust te zoeken, en dan de volgende dag de kustweg nummer 1 helemaal naar het zuiden te rijden. Die weg is zó mooi, omdat hij vlak langs de Stille Oceaan loopt. Het is een plezier daar te rijden vanwege de bochten en heuvels. Het uitzicht verandert steeds, want soms zie je de bergen en dan weer de oceaan, die ook van kleur verandert door de zon en de weerkaatsing van de lucht. Je moet er wel een dag voor uittrekken, want mijn tip was ook het restaurant Nepenthe voor lunch te bezoeken. Ik verheugde mij nu al op hun prachtige begin van een nieuw avontuur.

Begin oktober waren de tickets gereserveerd en liet ik mijn vriendin weten wanneer Erica en Niels zouden komen, maar legde uit dat als ik toch een gezin van mijn kerk zou vinden, ik het haar zou laten weten. Haar antwoord was: "Prima, geen probleem, dan zijn wij de back-up."

Dat klonk heel geruststellend.

51

Problemen

Na de zomer startten alle activiteiten bij mijn kerk, zoals de veertig groeigroepen die georganiseerd werden door een van de dominees. Deze groepen worden elke week in huiskamers gehouden en deze dominee staat ook elke week in contact met alle leiders. Ik schreef hem een e-mail met uitleg over het bezoek van Erica en Niels aan Pismo Beach en dat ik een gastgezin voor hen zocht voor de laatste week van april en de eerste week van mei. Mijn vraag was of hij mijn verzoek naar alle leiders zou kunnen doorsturen. Dat was geen probleem, hij zou dat graag doen. Daarna hoorde ik een hele tijd niets. Misschien toch maar even bij hem op zijn kantoor langs gaan. Per abuis had hij mijn verzoek nooit doorgestuurd. Hij zou het alsnog doen.

Vanaf dat moment liep alles tegen, namelijk geen reacties van de veertig groepen en ook mijn verzoeken bij andere groepen liepen op niets uit.

Begin januari arriveerde ik weer in Wageningen en mocht terug komen in de steenfabriek. Ies en Marian waren zo gastvrij om mij weer die kamer aan te bieden. Het was op de begane grond in de originele steenoven en was reuze goed geïsoleerd. Ik kon muziek aan hebben, 's nachts naar Amerika bellen en toch hoorden zij mij niet. Je leert wel doorsettingsvermogen ontwikkelen, want ik moest een eind over de dijk fietsen, voordat ik Wageningen binnen reed.

Ik probeerde vanuit mijn kamer een gezin in Pismo Beach te vinden, maar weer lukte het niet. Toen besloot ik mijn vriendin in San Luis Obispo te schrijven om haar te vertellen dat het mij niet gelukt was een gezin dichtbij de kerk te vinden en dat Erica en Niels op 22 april in San Francisco zouden landen en de volgende dag bij hen zouden aankomen en op 2 mei weer zouden vertrekken. Ik kreeg meteen een e-mail terug waar ik enorm van schrok. Mijn vriendin schreef dat zij, omdat zij niets meer van mij gehoord had, aangenomen had dat zij als gastgezin niet meer nodig was. Precies op dezelfde dag zouden er veel familieleden bij hen komen logeren. Erica en Niels konden helaas niet komen. O, wat vreselijk, wat nu? Wat moest ik doen? Ik wilde het nog niet aan Erica vertellen; ik wilde haar niet bang maken.

Op 15 maart kwam ik om 8 uur 's avonds bij hen op bezoek, om aan de hand van de kalender met activiteiten van de kerk in Pismo Beach, een programma voor hen op te stellen. We waren er na een paar uur mee klaar en zeer tevreden over waar zij beiden zoal aan mee konden doen. Er komen bijvoorbeeld veel groeigroepen (Bijbelkringen) elke week in huiskamers bij elkaar. Er zijn mannen, vrouwen en gemengde groepen, maar er zijn ook twee vrouwengroepen die elke week bij de kerk samenkomen. Erica koos de groep die op donderdagochtend in de gymzaal van de kerk samenkomt. Erica noteerde alles in haar telefoon, maar ik schreef het ouderwets in een schriftje. Het was een vol programma en heel afwisselend, ik kon voelen dat ze er heel veel zin in hadden.

Toen moest ik opbiechten dat het helaas met het gezin in San Luis Obispo niet doorging, maar dat ik wist dat er toch een gezin zou zijn dat hen op zou vangen, ik wist alleen nog niet welk gezin. Erica was niet eens erg geschrokken, maar Niels wilde het praktisch oplossen en zei:

"Als het niet lukt kunnen we altijd nog een hotel boeken."

Waarop ik nogal fel reageerde:

"Nee Niels, dat is plan B en dat doen we niet. Ik geloof nog steeds dat God een gezin voor jullie heeft en daar moeten wij op vertrouwen."

Als je helemaal op God wilt vertrouwen, kun je niet een plan B achter de hand hebben. Dan laat je zien dat je niet echt gelooft.

Ik had in al die jaren nog nooit met een dominee gebeden, maar die avond bad ik met hen. Ik vertelde God dat we op Hem vertrouwden en dat er een mooie oplossing mogelijk zou worden. Daarna nam ik afscheid en zou hen pas in Amerika weer ontmoeten.

52

Wat nu?

Tijdens de laatste twee weken in Nederland hielp ik een kennis in Vledder, Drenthe, want zij had haar been gebroken en na een langdurige revalidatie zou zij thuiskomen en wilde graag van mijn hulp gebruik maken. Deze vrouw was ouder en had geen computer dus ook geen internet. Ik was afhankelijk van de bibliotheek en in dit kleine plaatsje was die maar weinig open. Ik herinner mij een avond dat de bibliotheek dicht was, toen ik ontdekte dat de WiFi sterk genoeg was, zodat ik buiten, dichtbij het raam, toch e-mails kon versturen. Ik werkte op mijn laptop geplaatst op het zadel van de geleende fiets.

Ik moet nu iets toegeven waar ik mij voor schaam. Na het bidden met Erica en Niels voor een gastgezin, probeerde ik onbewust op eigen kracht te zoeken naar een gezin in Pismo Beach. Eindelijk toen ik met mijn rug tegen de muur stond, bad ik in de slaapkamer in Vledder of God mij, alstublieft, wilde helpen, want ik gaf toe dat ik het zelf niet kon.

De volgende ochtend werd ik wakker met de naam Karen Deering sterk in mijn gedachten. Wat een uitkomst dat ik aan haar dacht.

"Dank u Vader!"

Ik had haar leren kennen tijdens de reis van de kerk naar Griekenland. Op een dag waren wij in een grote stad en in plaats van als groep samen te eten, waren wij vrij zelf een restaurant uit te zoeken, maar omdat ik geen kamergenoot had en weinig mensen van de groep kende, vroeg ik mij al in de bus af hoe ik dat zou oplossen. Maar wat er gebeurde toen ik uit de bus stapte was weer zo'n 'toevalligheid'. Twee vrouwen die al waren uitgestapt, kwamen snel op mij af en vroegen of ik hen wilde vergezellen. Natuurlijk nam ik het aanbod aan. We zochten een restaurant met een gezellig terras, bestelden lunch en toen stelden zij zich voor. Karen en Sue waren heel goede vriendinnen en hun echtgenoten waren "best friends". Hun mannen hadden niet zoveel zin en vonden het prima dat hun vrouwen samen deelnamen aan deze groepsreis. Omdat ik met een accent spreek, waren zij benieuwd naar waar ik geboren en getogen was. Het was een gezellige lunch, en Karen vertelde aan het eind dat zij vaak mensen van de kerk bij haar thuis uitnodigde voor een maaltijd en dat ik ook van harte welkom zou zijn. Dat gebeurde maanden later en ik merkte meteen dat zij een fantastische gastvrouw was. Het huis was groot en toch heel gezellig ingericht, kortom heerlijk om mensen te ontvangen.

53

Het wordt heel spannend

Ik stond te popelen om de e-mail te versturen, maar ik kon pas 's middags even weg. Toen fietste ik razendsnel naar de bibliotheek, schreef aan Karen wat de situatie was en dat het spannend werd, want over drie weken en vier dagen zouden Erica en Niels op San Francisco landen. Of zij mogelijk voor anderhalve week een slaapplaats voor hen had. Toen moest ik wachten, want het was nog nacht in Californië en daarna zat ik vast bij die kennis. De volgende dag zat ik weer aan de gemeenschappelijke grote tafel bij de bieb, opende snel mijn e-mail en ja hoor, Karen had terug geschreven. Met kloppend hart las ik dat zij al een zendeling uit Zuid-Afrika en een zendeling uit Engeland te logeren had, maar dat er nog een slaapkamer met een dubbel bed vrij was en dat Erica en Niels van harte welkom waren. Ik stak mijn armen omhoog en hardop floepte er: "halleluja" uit mijn mond. Het kon mij niets schelen dat mensen mij aankeken. Zij wisten niet hoe spannend het geweest was.

Ik stuurde de e-mail door naar Erica met de woorden: dit is een wonder, want nu zitten jullie dichtbij de kerk en met een interessant gezelschap. Mijn ervaring is dat God nooit te laat is en dat de tijd in dit huis heel boeiend zal zijn. Ik bedankte Karen heel hartelijk en dat zij de redder in de nood was.

Ik voelde mij zo licht dat het net leek alsof ik met de fiets over de weg zweefde.

54

In Pismo Beach!

Drie weken later, op zondag bij mijn kerk, zag ik Erica en Niels weer terug. Dat was wel een heel speciaal moment. Bijna een jaar geleden had ik hen uitgenodigd en nu stonden wij buiten in de heerlijke Californische zon. De dag ervoor hadden zij genoten van de autorit langs de oceaan en hadden het reuze naar hun zin bij Karen en haar man James. Vandaag zouden zij de kerkdienst meemaken en morgen zou het programma beginnen, met verschillende groeigroepen en gesprekken met diverse predikanten.

Voor Niels was er nog iets heel speciaals, want de zwager van Karen had Niels uitgenodigd om een hele dag met hem mee te rijden in zijn politie auto. Niels kon goed meemaken dat Wageningen niet de problemen heeft die wij hier hebben. Alleen al de hoeveelheid dakloze mensen, die op de stoep zitten met zelf gemaakte kartonnen bordjes met de tekst: 'heb honger, help alsjeblieft' is schrikbarend.

Erica had een gesprek van twee en een half uur met onze tweede dominee die bijna nooit preekt, maar de leiding heeft over alles wat de kerk draaiende houdt. Zij vertelde mij dat ze van hem zoveel geleerd had. Wat was ik daar blij mee. Ook was zij reuze enthousiast over de vrouwengroep op donderdagochtend en zei:

"Daar moet je ook naar toe gaan. Er waren 180 vrouwen die aan tafels van acht naar een video op een groot scherm keken en daarna rond de tafel met elkaar discussieerden."

"Ja, Erica, ik weet het, maar ik werk nog."

Het was een succesvolle week geweest, maar nu namen zij afscheid van mij en vertrokken de volgende dag naar Sacramento, 480 kilometer naar het noorden, voor een lang gekoesterd familiebezoek aan Erica's oom en gezin.

55

Ongelooflijk veel werk

Zoals jullie nu wel weten vertrouw ik op God en steun ik op Psalm 23 vers 1:

'De Heer is mijn Herder, mij ontbreekt niets.'

Ik had na mijn terugkomst, toen ik bij David, Jenny en Madison aankwam, geen uitzicht op werk. Maar toen ik nog bij hen was, werd ik opgebeld door iemand die ik niet kende, maar mijn nummer via via had gekregen. Zij belde voor een vriendin, zonder kinderen, die na een operatie net thuis was, toen haar man plotseling overleed. Haar nicht, die ver weg woonde, was gekomen maar kon niet langer blijven vanwege kleine kinderen thuis. Ze zochten iemand die haar 24 uur kon helpen. Of ik zodra ik weer in San Luis Obispo was, langs wilde komen? Dat wilde ik natuurlijk graag doen.

Op 13 april zat ik weer in mijn camper en de volgende dag bezocht ik de vrouw die hulp nodig had. Ze was reuze aardig en legde mij uit dat ze moeite had met lopen en beperkt gebruik had van haar handen. Ik zou de boodschappen doen, de hond uitlaten, alle maaltijden verzorgen en er 's nachts slapen, want na vijfenvijftig jaar huwelijk, wilde zij niet alleen zijn in dat grote huis. En zo trok ik op 19 april bij haar in en had zondags en maandags vrij. Het was een fijne baan in een huis met een achtertuin op het zuiden, met een stijle heuvel als achterburen, zodat je er heerlijk rustig kon zitten.

Maar aan de rust kwam een einde, toen mijn cliënt zich weer beter voelde en alles eens even op een rij zette. Zij legde mij uit dat zij een bungalow aan de kust hadden gekocht om daar later te gaan wonen. Het lag 230 km naar het noorden. Zij wist niet of ze daar alleen wilde wonen, maar in het grote huis blijven wilde ze ook niet. We hadden het ook nog over de mogelijkheid van een senioren complex waar de maaltijden verzorgd werden. Mijn cliënt begon weer een beetje te helpen met koken. Op een dag hield ze met twee handen een houten lepel vast en roerde in een pannetje terwijl ze zei:

"Dit vind ik nou toch zo heerlijk; lekker in een pan roeren."

Nu wist ze het; ze wilde niet naar zo'n bejaarden complex. Dat was dus duidelijk. Toch maar naar het kleine huisje aan de kust? Ja, dat werd het en ik werd gevraagd of ik haar wilde helpen met inpakken, verhuizen en daarna weer uitpakken. Het werd ineens een heel zware baan. Ik stond de hele dag, maar ook 's avonds op mijn benen en dat kon ik goed aan mijn voeten voelen.

Mijn jongste zoon Michael woonde ook in San Luis Obispo en aan hem vroeg ik weleens of hij mij kon helpen met het optillen van zware dingen. Dat vond mijn cliënt zo aardig van hem, dat ze hem aanbood eens in de garage te kijken naar gereedschap dat hij kon gebruiken. Dat lukte wel, want haar man had twee rechter handen, en een grote hoeveelheid aan gereedschap.

We hielden natuurlijk ook een 'garage sale' en adverteerden dat op de Amerikaanse Marktplaats, wat resulteerde in drommen van mensen. Er moest heel veel weg, dus waren wij niet uit op zoveel mogelijk winst, waardoor de mensen reuze enthousiast waren over de lage prijzen. Voor vrienden en buurtgenoten hielden wij een afscheidsborrel met hapjes, waar Michael ook bij was.

56

Dozen uitpakken

Het duurde een paar dagen voordat de verhuiswagen in Pacific Grove zou aankomen. Aangezien Salinas, de eerste plaats waar wij vanuit Ohio 13 jaar woonden, 30 minuten naar het binnenland ligt, kon ik vrienden opzoeken. Het waren Tom en Doris, Colleen, en Linda, die ik al sinds 1984 ken en reken tot mijn Amerikaanse familie. De bezoeken aan hen waren een verademing na al het inpakken.

Daarna wachtte het nieuwe huisje van mijn cliënt. Toen ik aan kwam rijden waren de verhuizers de laatste spullen aan het uitladen en stond de grote garage, geschikt voor twee auto's, helemaal vol met hoog opgestapelde dozen. Die weer uitpakken… daar zag ik als een berg tegenop. Er was ook wat haast bij, want een tijd terug had ik al een reis naar Nederland geboekt. Zodoende had ik maar drie weken en daarna zou ik vertrekken.

Het huis had een slaapkamer en een kleinere kamer waar tafels in stonden voor haar hobby quilten. Ik kreeg een tweepersoons luchtbed in de woonkamer, dat comfortabel sliep. Na drie weken was de helft van de garage leeg en kon haar auto weer binnen staan. Haar neef en nicht, die nu dichterbij woonden, zouden zo nu en dan komen om de rest van de dozen uit te pakken. Ik kreeg een flinke fooi van haar nicht, die zo blij was met wat ik allemaal gedaan had, want anders had zij het moeten doen.

Met een heel tevreden gevoel reed ik weg, op naar Ellen, die een jaar ervoor haar eerste huis in Paradise had gekocht. De grote tuin erom heen bestond uit zand en naaldbomen en groot genoeg om mijn camper daar te stallen. Ik bleef een paar dagen logeren en hoewel de temperatuur boven de 30 graden kwam, was het binnen dragelijk met de airco aan. Op vrijdagavond zou Ellen's nieuwe vriend Ryan komen eten. Ik keek ernaar uit om met hem kennis te maken. We zaten in de schaduw aan de picknicktafel heerlijk te eten (Ellen is een fantastische kok; niet van mij geleerd), toen Ryan vertelde dat hij mijn Dolfijn camper altijd de beste had gevonden en graag er ook een wilde hebben. Ik vertelde dat hij heerlijk rijdt en dat ik in deze camper meer dan elf jaar woon. Dat wist hij niet en was er van onder de indruk. Ik vond hem vrolijk en goed bij Ellen passen en was heel blij hem ontmoet te hebben.

De volgende ochtend bracht Ellen mij naar David (275 km) waar wij Madison's zesde verjaardag vierden. Ik bleef nog een paar dagen logeren en nam toen de airportbus van San Rafael naar San Francisco en vloog naar Schiphol.

Wat was het fijn weer terug te zijn in de steenfabriek, in de vertrouwde kamer, waar ik genoot van de rust na de baan waarin ik zo hard had gewerkt. Elke dag voelde ik heel bewust het plezier van gewoon te doen waar ik zin in had. Er stond weer wat geld van de AOW op de bank te wachten, waar ik van rond kon komen. Wat ik ook heel fijn vond, was het passen op de twee honden van Ies en Marian, toen zij twee weken naar Spanje gingen. Het voelde echt goed dat ik dat voor hen kon doen.

57

Terug in de camper

Na een paar heerlijke maanden in Nederland, viel het niet mee om weer in de camper te wonen. Mijn kamer in de steenfabriek was groot, en had WiFi. Dat was een luxe, zomaar de laptop op tafel laten liggen, aangesloten op het lichtnet en internet.

Nu reed ik weer rond in de camper en kon niets op tafel laten liggen. Ook had ik in het begin plaatsen waar ik stond zonder elektriciteit. Maar mijn situatie evolueerde over de jaren van alleen elektriciteit naar elektriciteit én internet. Voor mijn vriendin Jan Northington in Los Osos had ik al jaren op haar huis gepast en daar haar WiFi gebruikt. Haar man had al vaak hun tweede oprit aangeboden om te gebruiken. Hij had mij laten zien hoe de garage, die nu schuur was geworden, open gemaakt moest worden. Ik kon zo mijn snoer in het stopcontact steken en hoefde hen dus niet lastig te vallen. Toevallig ontdekte ik dat hun WiFi sterk genoeg was, zodat ik het in mijn camper kon gebruiken. Dat opende voor mij meer mogelijkheden.

Als ik geen werk had, stond ik daar als ik in de buurt was. Ik herinner mij prachtige Kerstprogramma's en Oudejaars Conferences die ik via Uitzending Gemist toch kon terugzien. De nachten zijn hier koud, zeker in de winter, en dan is het in de camper ook koud, (de kachel heb ik niet aan gedurende de nacht), maar ik heb een heel dik donzen dekbed. 's Ochtends vroeg lag ik dan hieronder en genoot met volle teugen van de speciale programma's. Dan was ik zo dankbaar en voelde mij heel tevreden met mijn camper.

Toen wij ons huis (drie slaapkamers) in Los Osos verlieten en bijna alles in een berging moesten stoppen, had ik een afmeting nodig die je kunt vergelijken met een garage voor één auto. Die maat heb ik nog steeds. Ik huur van een groot bedrijf dat bijna duizend bergingen heeft. Die staan langs lange straatjes en als ik daar aan het werk ben, bijvoorbeeld winterkleding terug erin en zomerkleding eruit, of koffers inpakken voor Nederland, dan ben ik vaak de enige in de buurt. Begin 2017 stond ik in mijn berging en keek naar al die opgestapelde dozen, maar ook zag ik mijn ingepakte meubilair. Ineens riep ik uit, in het Nederlands:

"Hemelse Vader, ik wil graag alles uit de berging en verhuizen naar een woning."

58

Appartement?

Mijn kerk in Pismo Beach is een heel grote kerk die veel zendingsorganisaties steunt, die zowel lokaal als nationaal de Boodschap van Jezus uitdragen. Elk jaar organiseert deze kerk een zondag waar alle zendingsorganisaties die zij steunen een tafel in de hal hebben, waar zij aan ons, de gemeenteleden, laten zien wat hun missie is.

Na de kerkdienst liep ik rond en stopte bij een tafel die vol stond met nep babyflessen. Ik leerde dat deze organisatie vrouwen en meisjes helpt, die ongewenst zwanger zijn geraakt en niet gekozen hebben voor een abortus. Ik werd gevraagd of ik zo'n fles naar huis wilde nemen en mijn overtollige kleingeld er in wilde sparen. Toen hij vol zat, lag hij klaar om bij hun kantoor afgegeven te worden. Maar elke keer als ik in de buurt van dat kantoor was, stopte ik niet vanwege gebrek aan parkeerruimte of toch geen tijd of het regende en had ik geen zin om uit te stappen. Het was ongelofelijk, maar pas maanden later, een week voordat ik op 25 april naar Nederland ging, liep ik met de zware babyfles het kantoor binnen. De manager groette mij heel hartelijk en bedankte voor de donatie. Toen kwam er een medewerker even om de hoek kijken, vermoedelijk omdat ze mijn stem herkende, en was ik verbaasd dat het Cathi was, de vrouw van onze dierbare dominee die het jaar ervoor aan kanker was overleden.

"Cathi, hoe gaat het met jou? Ik wist niet dat je hier werkte."

"Ja, ik ben hier net vorige maand begonnen. Annelies, hoe gaat het met jou? Ik heb je al zolang niet gezien."

"Ik ga elk jaar en soms twee keer per jaar naar Holland, dus ben ik vaak weg. Over een week ga ik er weer voor vijf maanden naar toe." Toen vroeg de manager heel belangstellend wat ik dan met mijn huis deed. Ik vertelde dat ik dezelfde camper als Cathi had, waarop Cathi zei dat het een heel fijne camper was. Toen moest ik zeggen dat het niet makkelijk was om er in te wonen, zoals ik dat al achttien jaar deed.

"O, maar Annelies, weet jij niet dat hier vlakbij een appartementen complex staat voor senioren met een beperkt inkomen? Ik ben er geweest en het ziet er heel mooi uit."

"Nee, daar weet ik niets van."

"Zet je naam op de wachtlijst, nog voordat je weggaat."

Toen ik weg liep, stond ik er versteld van. Wat, als ik een paar maanden eerder gekomen was, dan had Cathi daar nog niet gewerkt!! Ik heb hier nog vaak aan moeten denken.

Een paar dagen later, op zaterdag, had ik de gelegenheid om een kijkje te gaan nemen. Het kantoor was dicht en ik zag dat het op werkdagen 's middags om vier uur sloot. Ik kon alleen de gemeenschappelijke ruimtes en de grote binnentuin zien. Ik was inderdaad zeer verrast dat het er zo mooi uitzag. Meteen wist ik het; daar wilde ik graag wonen. Op maandag was mijn enige kans, want op dinsdag nam ik de trein naar het noorden, naar David. Maar op maandag werkte ik nog van 's morgens acht uur tot 's middags één uur, een half uur rijden van het appartement af. Toen ik om één uur klaar was en naar mijn camper liep, zag ik meteen dat één van mijn banden half leeg was. Dat moest dus eerst gemaakt worden. Bij mijn bandenspecialist konden zij mij binnen een redelijke tijd helpen. Maar in één van mijn banden aan de binnenkant, (ik heb achter dubbele banden) zat ook een spijker. Het zou dus twee keer zo lang duren en toen ging ik hem knijpen. Gelukkig kon ik om kwart over drie wegrijden en kwam precies kwart voor vier het kantoor van het appartementencomplex binnen. Het aanmeldingsformulier bestond uit één pagina en dat vulde ik snel in. Opgelucht liep ik weg met de toezegging dat ik misschien over twee en een half jaar aan de beurt zou zijn. Dat is lang, maar het uitzicht op een eigen appartement was alleen al een heel fijn idee. Maar toch speelde in mijn achterhoofd de zin die ik aan mijzelf belooft had: 'je haalt alles pas uit de berging als je een echt huis hebt.'

59

Voorstel vrouwenavond

Op 26 april 2017 landde ik op Schiphol en begon in Ermelo bij Ruud en Gerda den Dulk. Ik had het bewust zo gepland zodat ik Koningsdag in Harderwijk mee kon maken. Wat genoot ik weer van dit unieke evenement. We waren er al om 7:00 uur en liepen door al die nauwe straatjes tussen drommen van mensen. Uren later zaten we bij Gerda aan de koffie met oranje tompoucen, ook al zo Hollands. Daarna toch nog Ermelo in om te zien wat daar te doen was. O, als ik toch mijn camper bij mij had gehad, wat had ik dan allemaal kunnen kopen!!

In Wageningen stond de logeerkamer weer voor mij klaar, dankzij zulke lieve gastvrije vrienden. Het duurde even voordat ik alles uitgepakt had en mijn keukentje ingericht was. Ook vouwde ik mijn fiets uit, pompte de banden op en ging over de dijk naar Wageningen. Wat een verschil met Californië; zoveel groen gras. Ik was blij de schapen te zien die daar graasden. Wat is Nederland toch mooi!

Terug bij de Bevrijdingskerk was het fijn Marijke weer te zien en natuurlijk ook de familie Hoebe. Ik maakte een afspraak met Erica, want ik had een idee dat ik haar wilde voorleggen. Het was zo goed te weten wat zij bij onze kerk in Pismo Beach had meegemaakt, want dat zou echt een verschil maken. Ook moet ik nog even melden dat Jackie, die mij op de trein zette om naar David te gaan, mij een envelop had gegeven. In de trein maakte ik hem open en las de kaart. Er zat een groot bedrag in, bestemd voor "ministry" (kerkelijk werk) en liet het aan mij over hoe ik dat wilde besteden. Daar stond ik wel versteld van.

Tijdens mijn gesprek met Erica, stelde ik voor in september een avond te organiseren alleen voor vrouwen en dat ik er al geld voor gekregen had. Erica was meteen enthousiast. We prikten een datum in september en voor de grote vakantie kwamen wij met een kleine groep bij elkaar om de vrouwenavond te organiseren.

Er werd gesproken over een verwachting van dertig vrouwen. Liederen werden uitgezocht om te zingen en er waren drie vrouwen die een muziek instrument bespeelden; zij zouden het zingen begeleiden. We verzonnen een activiteit om kennis te maken met de mede tafelgenoten, dit door middel van foto's van Marijke met heel verschillende onderwerpen.

Erica zou een uitleg geven over Spreuken 31, waarin veel advies staat voor vrouwen en ik zou mijn verhaal vertellen over hoe ik, toen ik jong was de kerk had verlaten en hoe ik veel later op een heel wonderlijke manier er weer naar toe ben gegaan. We waren enthousiast, want het zou een heel mooie avond worden.

Marijke, die heel goed op de computer is, maakte de uitnodigingen en ik begon ze in augustus na de kerkdienst uit te delen. Mijn verbazing was groot over een aantal negatieve reacties:

"Waarom alleen voor vrouwen?"

"Dat is ouderwets, terug in de tijd van de plattelandsvrouwen vereniging."

"Ik voel me niet prettig tussen alleen maar vrouwen."

Ik legde uit dat de gesprekken rond tafels zich anders ontwikkelen zonder mannen erbij en dat het ook prettiger is voor vrouwen die alleenstaand zijn.

Ik logeerde weer in de Steenfabriek en reed elke dag op de dijk langs schapen die in de uiterwaarden graasden. Ik verbaasde mij erover dat de schapen verspreid waren over het hele weiland en dat het leek of ze allemaal hun eigen ding deden. Sommige schapen graasden, sommigen lagen te slapen, sommigen graasden met gebogen voorpoten, zodat hun koppen vlakbij het gras waren en anderen liepen rond zonder te eten. Ik maakte er een foto van, want ik wilde dit beeld gebruiken voor bij mijn verhaal. Toen dacht ik aan het verhaal in de Bijbel van de Goede Herder, die rond trok met de schapen die Hem volgden. Ik vroeg Marijke of zij een foto kon vinden van een herder en zijn schapen.

60

Eerste vrouwenavond

Het was zover; de dag van de vrouwenavond. 's Ochtends stonden Marijke en ik in de zijzaal die met een harmonica wand afgesloten kon worden van de kerkzaal. Deze zijzaal had tafels en stoelen waar ouderen na de kerkdienst koffie konden drinken. Marijke stelde voor de kleine zaal te gebruiken. Maar iets in mij veranderde en heel vastberaden zei ik:

"Nee, we houden het in de kerkzaal!"

Daar stond ik zelf verbaasd over; ik rekende stilletjes op zestig vrouwen. Dat hield wel in dat wij zestig stoelen los moesten maken, andere stoelen moesten opstapelen, plaats maken voor tien tafels met elk zes stoelen erom heen, want in een kleine kring heb je veel beter contact dan wanneer je in een rij zit.

Marijke en ik kochten koekjes en chocolade voor bij de koffie en ik kocht ook nog bloemen voor elke tafel. Samen met een schaal lekkers, begon het er erg gezellig uit te zien.

Vóór half acht kwamen de eerste vrouwen al, die meteen koffie en thee kregen en zelf konden kiezen uit het lekkers. De conversaties kwamen makkelijk tot stand en het werd een vrolijke boel. Tien voor acht schrokken wij, want bijna alle stoelen waren al bezet, toen er nog een hele stroom vrouwen binnen kwam. Dat was even paniek, snel nog een tafel erbij en bij elke tafel nog twee stoelen. Uiteindelijk telden wij 86 vrouwen en wisten we zeker dat er beslist behoefte is aan een avond alleen voor vrouwen.

We werden bij het zingen begeleid door een piano, viool en dwarsfluit. Al die vrouwenstemmen klonken als een koor van engelen. Natuurlijk was er een pauze met nog meer koffie en thee en meer gesprekken rond de tafels.

Aan het eind van mijn verhaal kwam de eerste foto van de schapen op het scherm en vertelde ik dat het een beeld was van mijn leven voordat ik terug bij God was gekomen. Ik kende mijn grenzen; denk aan het hek erom heen, maar ik deed mijn eigen zin, maakte mijn beslissingen zonder God.

De tweede foto was een weergave van na mijn omkering. Heel geleidelijk aan begon ik Jezus te volgen, door middel van het vragen om leiding bij moeilijke beslissingen en stil zijn en proberen te luisteren naar Zijn stem. Als je dan echt antwoord krijgt, versterkt het je geloof. Dan groeit je geloof en ga je meer steunen op leiding van boven. Dat is een heel mooi proces, dat ik je van harte toe wens.
Als cadeautje kregen alle vrouwen een geplastificeerde kaart mee met daarop zeven verschillende Bijbelverzen. Ik stelde voor dat ze de kaart bij de gootsteen konden zetten en zo, terwijl zij bezig waren, de verzen konden lezen en misschien zelfs uit het hoofd wilden leren. Toen de vrouwen de zaal verlieten, kon je het enthousiasme over de geslaagde avond voelen. Buiten regende het flink, maar dat kon mij niets schelen, want mijn hart stroomde over van blijdschap. Het was heel donker en uitgestorven op de dijk en terwijl ik hard tegen de wind en regen in trapte, dankte ik God hardop voor de vrouwen die Hij gebracht had. Toen ik dichter bij de steenfabriek kwam, kon ik zien dat het licht in de woonkamer nog aan was. Bij thuiskomst, na het verwisselen van mijn natte naar droge kleding, rende ik de trap op naar Ies en Marian.

"86, er kwamen 86 vrouwen!!!"

We hebben er toen een glaasje op gedronken en heb ik er alles over kunnen vertellen.

61

Kerk zijn op een andere manier

Bij mijn kerk in Pismo Beach werd eind oktober een speciaal evenement gehouden. Verscheidene weken ervoor werd ons al gezegd dat er op de laatste zondag van oktober geen kerkdienst zou plaatsvinden, maar dat we om 9:00 uur op het parkeerterrein van de kerk zouden verzamelen. Het advies was om een schort, rubberen handschoenen en zeep mee te brengen. Ik geloof dat dit evenement nog nooit in de geschiedenis van de kerk voorgekomen was.

Naar goed Amerikaans gebruik kregen wij allemaal een t-shirt dat duidelijk maakte dat het een evenement van onze kerk was. We trokken het over onze kleding aan en zo vormden wij een uniforme groep. Daarna konden wij kiezen uit verschillende activiteiten, bijvoorbeeld zwerfvuil oprapen of boterhammen smeren voor de daklozen. Er waren meer keuzes, maar ik hield mij bij het smeren van boterhammen. Alles stond klaar op grote tafels: gesneden broden, pindakaas en jam (jam gaat op de pindakaas) en boterhamzakjes. Ook papieren zakken en wat er in ging, zoals een pakje sap, koekjes, fruit en een papieren servet.

Ik kende nog weinig mensen bij deze kerk, aangezien ik vaak 's avonds en in het weekend werkte. Ik kon nooit deelnemen aan een groeigroep en daar leer je juist gemeenteleden kennen.

Nadat wij bergen boterhammen gesmeerd hadden en alle papieren zakken gevuld waren, moesten wij twee aan twee ermee naar daklozen zoeken. Een jongere vrouw vroeg of ik met haar wilde optrekken. We stapten in haar auto en op weg naar de duinen, vertelde ze dat zij een gediplomeerd verpleegkundige in het ziekenhuis was. Ik vertelde dat ik een particuliere bejaardenverzorgster was bij mensen thuis en omdat ik in een kleine camper woonde, graag 's nachts werkte. Deborah vertelde mij dat zij wist dat daklozen in duinpannen leefden, dus parkeerden wij waar iedereen parkeert om naar het strand te gaan.

Wij gingen de duinen in en dat was beslist een krachttoer. Duin op en af door het rulle zand, dat was ik niet gewend. Maar ik liet me niet kisten door een veel jongere vrouw. Ik hield haar bij en wat wij zagen was schrijnend. In veel duinpannen lag een heleboel afval, plastic zeilen en dekens van groepen die daar leefden. Veel daklozen waren er niet, maar die wij tegen kwamen gaven wij zakken met boterhammen. Sommigen waren schuw en bang om dichtbij te komen. Dan lieten wij de zak achter.

Terug bij de auto moesten wij eerst al het zand uit onze gymschoenen kloppen en daarna terug naar de kerk, waar ons een lunch te wachten stond. Deborah wilde weten hoe oud ik was en toen ik haar vertelde dat ik volgende maand zeventig zou worden, stond ze versteld. Zij vroeg naar mijn telefoonnummer en zette dat in haar iPhone, ook de spelling van mijn naam. Ik wist niet waar ze het voor nodig had, maar je weet het maar nooit, het zou belangrijk kunnen zijn.

62

70 jaar en een prachtige verrassing!

Vanaf het begin van 2017 hield ik mij bezig met mijn zeventigste verjaardag in november. Hoe vier je dat als je zelf geen huis hebt? Ik vond de oplossing bij het Christelijk Conferentie Oord Mount Hermon, waar wij veel waren geweest toen de kinderen klein waren. De jeugdkampen waren het hoogtepunt van de zomer, maar ook een vakantieweek voor gezinnen werd georganiseerd. De kinderen hadden hun eigen programma's en voor ouders was er ook van alles en nog wat te doen; voor een alleenstaande moeder een uitkomst.

In het naseizoen was het mogelijk een huisje voor een weekend te huren en dat leek mij wel wat. Hoewel wij van drie verschillende richtingen kwamen, was de afstand voor ons allemaal hetzelfde, namelijk een rit van vier uur. Ik reed met Michael mee en dat was heel bijzonder. Het was reuze gezellig en geen gebrek aan conversatie.

David's vrouw Jenny bracht al het eten en drinken voor het hele weekend mee. Daar is zij een ster in! Na onze eerste maaltijd op vrijdagavond, kwamen Ellen en Ryan aan. Ik had de wens uitgesproken geen cadeaus te willen ontvangen, maar toen Madison in bed lag en wij met z'n allen in de woonkamer zaten, kreeg ik een verjaarskaart van Ellen en Ryan. Er stond in dat zij wisten dat ik geen cadeau wilde hebben, maar ze wilden samen mij toch iets geven. Onderaan de wenskaart zat een zelfgemaakt flapje waarop stond "open mij". Ik opende het en las "een kleinkind". Terwijl mij een kreet van vreugde ontsnapte, sprong ik op en omhelsde Ellen en daarna Ryan. Wat een fantastisch verjaarscadeau!!

Het werd een gezellig weekend waarin wij Ryan beter leerden kennen. Op zondag na het ontbijt maakten we samen het huisje schoon en namen afscheid van elkaar. Ik wist toen nog niet dat wij pas 25 maanden later, allemaal weer bij elkaar zouden komen.

63

Wat is een camper toch handig

In januari 2018 had ik een aantal baantjes die niet veel zoden aan de dijk zetten. Ik had een betere baan nodig. Ik werd gebeld door iemand die ik niet kende met een mobiel nummer van een plaats nogal ver hier vandaan. Het was een mannenstem die zei:

"Ik heb jouw nummer van mijn schoondochter gekregen. Ik heb hulp nodig voor mijn vrouw. Kunnen wij een afspraak maken."

"Is het in Santa Ynez? Dat is nogal ver hier vandaan."

"Ja, maar je hebt toch een camper, die kun je bij ons op het terrein zetten."

We maakten een afspraak bij mij in de buurt, buiten op het terras bij Starbucks. Deze bejaarde man had zijn twee zoons bij zich, waarvan één Deborah's echtgenoot. De man was een man van weinig woorden en was heel eerlijk. Hij vertelde dat hij in een heel moeilijke situatie zat, want hij wist niet meer hoe hij voor zijn vrouw kon zorgen. Ze was psychisch niet in orde en daardoor heel onhandelbaar. Of ik vijf dagen van 's ochtends 7 uur tot 5 uur 's middags voor haar kon zorgen? Ik zou dan mijn camper op de oprit van zijn grote schuur zetten. Ik kookte mijn eigen avondeten en verder was er in de omgeving niets te doen. Het was een heel moeilijke baan, die maar twee weken duurde. Daarna kwam gelukkig haar dochter logeren, zodat ik terug naar mijn eigen woonplaats kon gaan. Ik had weer aardig verdiend, was een ervaring rijker en had op het goede moment kunnen helpen.

64

Tweede vrouwenavond

Sinds het grote succes met de eerste avond, vloog ik terug naar Nederland, weer naar Wageningen voor een tweede vrouwenavond. Bij de Bevrijdingskerk kende ik nu meer vrouwen en dat maakte het na de kerkdienst makkelijker om met elkaar te praten. Marijke maakte weer de uitnodigingen, ik deelde ze uit na de dienst en hoorde heel enthousiaste reacties. Ik stimuleerde hen anderen mee te vragen en dat resulteerde in een opkomst van 105 vrouwen. Ik moet er wel bij zeggen dat er nu een groep vrouwen, uit de Grote Kerk op de markt, ook aanwezig was. Ik was God heel dankbaar dat ik de mogelijkheid had, weer met financiële steun van Jackie, maar nu ook van Gloria, dit te kunnen waarmaken.

Na de winter waarin de natuur lijkt ingeslapen te zijn, is de lente in Nederland altijd weer een feest. De diverse plantsoenendiensten proberen er altijd iets moois van te maken en dat lukte hen goed. Ik keek mijn ogen uit hoe prachtig de narcissen bloeiden en later ook tulpen bij rotondes en plantsoenen waar ik langs fietste. Als het om planten en bloemen gaat, loopt Nederland op kop.

65

Begin met het helpen van Jackie

Een aantal jaren geleden werkte ik voor een lieve vrouw van 100, die permanent in bed lag in de slaapkamer van haar dochter Jackie, die al heel lang voor haar moeder zorgde, maar nu hulp nodig had. Ik werkte meestal 's nachts, zodat Jackie van een goede nachtrust kon genieten. Haar huis was groot en stond op een unieke plek in Arroyo Grande, in een heuvelachtig gebied. Dit huis stond aan het eind van een privé weg op het hoogste punt van een heuvel. Achter haar huis lag een groot stuk grond dat geasfalteerd was, waar ik mijn camper kon neer zetten.

Nadat haar moeder was overleden, bood Jackie mij haar plek aan om daar in de camper te overnachten. Als ik in Arroyo Grande werk had en ik wilde niet steeds terug naar San Luis Obispo, dan kon ik gerust bij haar staan. Ze had een stopcontact aan de buitenkant, waardoor ik stroom had. Dat was een fijn aanbod, omdat het er zo stil was. Ook kon ik mijn zandstoel uitklappen en in alle rust van de zon genieten. Beetje bij beetje begon ik in haar tuin te werken en water te geven.

66

Hoe was dat mogelijk!

In mei 2018 kwam ik terug uit Nederland en had geen werk, want ik geef mijn banen op als ik lang wegga. Als ZZP-er werk ik in de ouderenzorg bij cliënten thuis. Ik kan niet verwachten dat deze cliënten mijn baan bij hen openhouden.

Van Jackie mocht ik weer met mijn camper achter haar huis staan. Het huis is groot met heel veel land (1,2 hectare) eromheen. Water geven is een heel werk, want zeker zes maanden, van april tot en met oktober, valt er meestal helemaal geen regen. Toen ik dus terugkwam, ben ik meteen weer buiten gaan helpen. Heerlijk vond ik dat, maar er moet ook verdiend worden. In Nederland begin ik dan al met het bellen naar mensen die voor mij hun voelhorens willen uitsteken. Dit keer had ik geen succes, maar het klinkt gek; ik raakte niet in paniek. Ik wist zeker dat er wel werk zou komen, want:

"De Heer is mijn Herder, mij ontbreekt niets." (Psalm 23:1).

Vijf dagen nadat ik terug was gebeurde er iets bizars. Ik moet even uitleggen dat aan Jackie's privé weg nog twee huizen staan. In het eerste huis een stukje naar beneden wonen Jackie's zoon, schoondochter, en twee kleindochters. Het volgende huis naar beneden is erg groot en ik had van Jackie gehoord dat de eigenaresse, van ver in de negentig, permanent in bed lag. Er waren daar een aantal bejaardenverzorgsters die met elkaar haar vierentwintig uur, zeven dagen per week, verzorgden. Nooit had ik het verlangen gehad om daar op de voordeur te kloppen en te vragen of zij hulp nodig hadden.

Maar op zondagochtend toen ik net terug was uit Holland, gebeurde er iets vreemds bij dit huis. Ik reed naar beneden op weg naar de kerk en zag drie dienstauto's van de Sheriff's departement, de politie voor buiten de stad, op de grote oprit staan. Ik kon, toen ik uit de kerk terugkwam, niet wachten om te weten wat er aan de hand geweest was.

Van Jackie hoorde ik het hele verhaal: haar zoon had die ochtend vroeg een, voor hem, onbekende auto zien staan op de oprit van het huis van de vrouw met de bejaardenhulpen. Hij had zijn verrekijker erbij gehaald en zag een man in de auto zitten. Het leek verdacht want hij was op een paniekerige manier naar iets in de auto aan het zoeken. Toen hij uitstapte en voorover boog naar iets onder de zitting, zag Jackie's zoon heel duidelijk dat hij een revolver in zijn achterzak had. Daarop belde hij de Sheriff, die met drie auto's uitrukten. Met getrokken pistolen en veel geschreeuw overmeesterden zij deze man, werkten hem op de grond en sloegen hem in de boeien. Daarna werd hij in één van de dienstauto's gestopt. Het leek wel op een film uit het Wilde Westen, gewoon hier aan dit heel rustige privé weggetje waar nooit iets gebeurt.

Zij doorzochten de auto en vonden verdovende middelen. Van de man hadden ze begrepen dat hij zijn vriendin, die in het huis werkte, kwam ophalen. Aangezien de agenten niet wisten wat zij zouden aantreffen in het huis, werd de bejaardenhulp, die net haar cliënt in bed aan het wassen was, ook in de boeien geslagen en naar buiten gebracht. Daar moest zij zich legitimeren met haar rijbewijs, dat een agent in haar tas vond. Zij werd ondervraagd over de man met het pistool. Ja, dat was haar vriend die haar kwam ophalen. Of zij ook verdovende middelen gebruikte. Dat gaf zij toe en dat bleek ook uit een test die later gedaan werd. Intussen was de volgende bejaardenhulp al gekomen om de dienst over te nemen. Maar deze vrouw mocht niet naar binnen. De eerste vrouw vertelde de tweede vrouw dat zij geen tijd gehad had om de cliënt toe te dekken. De oplossing was om de zoon van de bejaarde vrouw te bellen, die aan de agenten vertelde wie de vrouwen waren en dat zij daar in dienst waren.

Deze zoon belde met Jackie's zoon en vertelde dat hij met stomheid was geslagen, want die bejaardenhulp was de beste van allemaal. Zij werkte er al vijf jaar en stond aan het hoofd van de andere bejaardenverzorgsters. Maar toen de test uitwees dat er drugs in haar lichaam aanwezig waren, moest hij haar, met pijn, ontslaan. Jackie's schoondochter belde hem op en vertelde dat haar schoonmoeder een vriendin heeft, die net terug was uit Holland, bejaardenverzorgster is en werk zoekt.

Ja hoor, een paar dagen later kreeg ik een telefoontje of ik voor een interview wilde komen. En zo begon ik aan een baan waar ik naar toe kon lopen. 's Middags om 10 voor 4 liep ik vlot naar beneden en om half twaalf 's avonds liep ik, nu langzaam omdat het stijl was, naar boven. Dit was de meest zonderlinge manier waarop ik aan een baan ben gekomen.

Het was nog steeds mogelijk 's ochtends en een stuk van de middag Jackie te helpen. Jullie begrijpen wel dat mijn hart overstroomde van dankbaarheid aan God. Elke keer als ik in het pikkedonker (geen straat verlichting) naar boven liep, dankte ik God voor zo'n mooie baan.

Mijn nieuwe cliënt had een interessant leven geleid. In 1939 was zij chemie gaan studeren en na haar masterdiploma, begonnen bij een rubber bedrijf in New York, waar zij autobanden ontwikkelde. Zij vond het heel fijn als ik mijn blokfluit en gezangenboek bracht en voor haar speelde. Zij genoot intens, maar ook haar vogeltje in een kooi naast haar bed. Die begon dan heel hard mee te twitteren, waar we beiden om moesten lachen.

Er was nog iets waar ik blij mee was, namelijk haar zoon betaalde ons zoals het officieel hoort (wat weinig gebeurt) én we stonden op de loonlijst. Ook moest ik een uitgebreid contract tekenen waarin onder andere stond dat, bij gebruik van drugs, op staande voet ontslag volgde. Het uurloon was hoog en er was een oplopende schaal. Bijvoorbeeld bij ziekte, als je voor iemand anders werkte en dan na je eigen dienst nog een aansluitende dienst werkte, kreeg je na negen uur werk, de volgende drie uur anderhalf keer het uurloon. Daarna kreeg je het dubbele uurloon uitbetaald. Het gebeurde heus vaak dat ik gevraagd werd om een dienst van iemand over te nemen, bijvoorbeeld als iemand op het werk ziek was geworden. Ik woonde toch vlakbij dus dat had voordelen. Of ik nam een hele dienst over, plus die van mijzelf. In de vier maanden dat ik daar werkte was ik nooit ziek, maar heb ik voor iedereen diensten overgenomen en daardoor veel uren gedraaid, dus veel verdiend. Mijn camper gebruikte ik weinig, waardoor ik ook op benzine spaarde.

67

Een kleinzoon!

Naarmate de tijd naderde dat mijn nieuwe kleinkind geboren zou worden, werd het spannend. Op de uitgerekende datum brak Ellen's vruchtwater en gingen ze naar het ziekenhuis. Het schoot niet op en duurde lang, waar ik gelukkig niets van wist. Na twee dagen werd mijn kleinzoon geboren, maar werd snel weggehaald omdat het niet goed ging. Hij had veel te lang in de knel gezeten en had ook nog eens de navelstreng om zijn halsje. Ellen vertelde later dat Ryan de baby op haar buik legde, toen er "floppy" (slap) werd geroepen. Vrijwel meteen stormden er een heleboel verplegend personeel naar binnen. Pakten de baby op en plaatsten hem in een breed babybed, waarna ze met z'n allen een taak hadden om hem in leven te houden. Ellen kon alles horen, het gebeurde in dezelfde kamer, maar Ryan keek er naar en had het erg zwaar. Ellen bleef zeggen, "Het komt goed, het komt goed." En het kwam goed. De eerste foto's waren verontrustend, maar na vier dagen kreeg ik een foto waar hij zo geïnteresseerd de wereld in keek, dat het mij de zekerheid gaf dat alles goed zou komen. Hij kreeg een aparte, sterke naam: Knox. Dat is belangrijk als je achternaam Johnson (Jansen) is.

Ik stond natuurlijk te popelen om naar hen toe te rijden, maar wachtte af totdat Ellen zich sterker voelde. Toen Knox vijftien dagen oud was, stapte ik heel vroeg in de camper en reed 632 km naar het noorden, naar Paradise, Californië. Ik deed er een hele dag over, maar toen kon ik dan eindelijk hem vast houden. Wat een mooi moment! Het was echt fijn te zien hoe de jonge ouders van hem genoten. Wat een wonder na zo'n begin, waarin zijn leventje aan een zijden draadje had gehangen. Ik was zo dankbaar voor dit wonder.

De volgende ochtend wilde ik een selfie met hem maken. Dat was niet makkelijk, maar ik vond een manier die werkte. Ik legde Knox op de bank en ging naast hem liggen. Zo met zijn kleine kopje tegen mijn hoofd nam ik de ene foto na de andere en van de twintig foto's zaten er een paar winnaars bij. Het was een heerlijk bezoek, maar ik moest de volgende dag alweer de lange rit terug rijden. Ik had drie dagen vrij kunnen nemen. Ik luister altijd naar boeken op CD en dat maakt de reis een stuk prettiger en lijkt het vlugger te gaan.

Toen ik bij mijn cliënt aangenomen werd, heb ik eerlijk verteld dat ik na vier maanden naar Nederland zou gaan. Ik had een retourticket waarbij ik op de terugweg van Schiphol naar Florida zou vliegen, daar een auto zou huren om een week bij mijn Tante Yvonne Klusman te logeren.

68

Een vroege Thanksgiving

Wat was het fijn om met mijn "TomTom" op deze, voor mij nieuwe, snelwegen vlot het adres van mijn tante te vinden. Het was een groot complex met appartementen waar oudere mensen wonen, die geen verzorging nodig hebben. Er was een eetzaal waarin iedereen voor het ontbijt en avondeten bij elkaar kwam. Ik genoot van de uitgebreide maaltijden waar we met z'n achten rond tafels zaten. Ook de gesprekken amuseerden mij. Tante stelde mij met plezier aan iedereen voor, want zelf kreeg ze bijna nooit familie te logeren. Haar familie woonde meer dan twee duizend kilometer van haar vandaan.

Tante had besloten niet meer te rijden en was aangewezen op het busje van het huis. Nu, met de gehuurde auto, konden wij overal naar toe en dat deden wij dan ook. Zodoende lunchten wij elke dag ergens anders. Het werd een week van zitten, eten en rijden en dat kon ik aan mijn kleding wel merken.

Op 31 oktober, Halloween, vloog ik door, landde op San Francisco en nam zoals gebruikelijk de Airport Shuttle naar Davids stad, San Rafael. Hij had die dag vrij genomen vanwege Halloween, wat een heel belangrijke dag is voor kinderen en dus ook voor ouders. Madison ging verkleed als prinses naar school en toen ze thuis kwam, was zij heel enthousiast over de Halloween party in de buurt, waar wij die avond naar toe zouden gaan. Er kwamen veel kinderen, allemaal verschillend verkleed, ook sommige ouders hadden de moeite genomen om een kostuum aan te trekken. David en Jenny hadden daar niet zo'n zin in en dat begreep ik best, want zelf deed ik dat ook nooit. Vroeger had ik mijn handen vol aan de drie kostuums die verzonnen en gemaakt moesten worden. Tegenwoordig bestel je het gewoon via het internet. Alle ouders hadden lekkere hapjes en drankjes meegenomen en het werd een gezellige boel.

Een paar maanden geleden had ik al aan Thanksgiving gedacht, die op de vierde donderdag in november gevierd wordt. Het is een feestdag die belangrijk is voor families, want dan proberen veel familieleden bij elkaar te komen om de nationale dankdag met een uitgebreid diner te vieren. Voor Ellen en Ryan zou het makkelijker zijn als wij bij hen zouden komen, vanwege de baby. Ik stelde aan mijn gezin voor om het Thanksgivings diner al op zaterdag 3 november te houden, want dan zou ik toch al bij David en Jenny zijn, en kon dan met hen meerijden. Jenny vond dat elke datum in november goed is voor Thanksgiving. Daar sloten de anderen zich bij aan. Achteraf bleek dit heel belangrijk te zijn geweest.

Ellen, die al terug op haar werk was, na haar zwangerschapsverlof, wilde toch graag het hele diner zelf koken, inclusief de kalkoen. Ryans moeder, Debbie, zou de taarten bakken. Jenny zorgde voor de hapjes en drankjes.

Het was een warme dag in Paradise, maar Ryan had toch hout in de vuurkorf aangestoken. Ik houd erg van vuur en zat buiten te genieten met Ryan en de kleinkinderen. Knox was alweer vijf maanden oud en helaas had ik hem nog maar een paar keer gezien. Madison, acht jaar oud, wilde hem graag vast houden, dus zette ik hem op haar schoot en nam een mooie foto. Binnen hadden wij de kamer, keuken en een nieuwe houten vloer bewonderd. Zij hadden een jaar geleden een lekkage gehad achter een van de muren en dat zó laat ontdekt, dat het een enorme ravage teweeg had gebracht. Ze hebben toen weken in hun caravan moeten wonen, omdat heel veel gesloopt moest worden, inclusief de keuken. Nu zag het er zo mooi uit en waren Ryan en Ellen erg trots op het resultaat. Ik keek naar haar grote boekenkast en bewonderde de hoeveelheid boeken die erin stonden. Ellen, maar ook David en Michael, houden erg veel van lezen.

Na een voortreffelijk en heel gezellig diner gingen David, Jenny en Madison naar huis, want ik bleef logeren. Ook Debbie ging naar huis, maar zou op maandagavond weer terug komen, want dan zouden wij samen op dinsdag en woensdag op Knox passen als Ellen werkte. Het waren heel gezellige dagen met een baby die erg makkelijk was, goed sliep en at en veel lachte.

Op woensdagavond namen Debbie en ik afscheid van Ellen en gezin, want ik zou een paar dagen bij haar logeren.

69

Een vreselijke, levensgevaarlijke rit

Dit is het verhaal wat ik later van Ryan en Ellen hoorde: de volgende dag, op donderdag 8 november 2018 werkte Ellen thuis, terwijl Ryan anderhalf uur van haar vandaan voor de klas stond. Het grote wonder was dat de directeur van de school in zijn kantoor om half tien op zijn telefoon keek en las dat er ten noorden van Paradise brand was uitgebroken. Er stond een heel harde wind en het vuur verspreidde zich snel. De directeur waarschuwde Ryan die meteen Ellen belde. Zij wist van niets, want vanuit het huis kon zij niets opvallends zien. Maar toen zij naar buiten liep, kon zij al vuur zien dat in de buurt brandde. Ryan zou meteen in de auto springen en Ellen moest evacueren. Zij moest snel beslissingen nemen. Een jaar ervoor was er ook een brand even buiten Paradise geweest, maar dat kon gauw geblust worden. Toen had zij een grote, platte plastic doos gekocht die onder het bed paste. Daarin had zij alle belangrijke spullen gedaan in geval van een evacuatie. Nu kon zij die doos meteen in de auto zetten. Ook een klein mappenkastje ging zo de auto in. Daarna de baby en de hond en toen nog de kat zien te vangen. Snel nog wat kleding, foto's van de muur en, heel belangrijk, Ryan's gitaar. Toen zat de auto vol en was het zaak om snel weg te rijden.

Paradise is een klein plaatsje, waar je binnen tien minuten door heen rijdt. Alle 27000 mensen moesten tegelijk evacueren en nadat Ellen haar kleine straatje uit was, zat ze al vast in het verkeer. Knox zat in zijn autostoeltje, maar nadat zij, aan de kant van de weg, hem borstvoeding had gegeven, legde ze hem op haar schoot en hield hij haar stevig vast, alsof hij bewust was van de ernst van de zaak. Aangezien niemand de stad in mocht, kon men ook op de rijstrook voor tegenliggend verkeer rijden. Sommige mensen waren hier bang voor, maar gelukkig zag Ellen mogelijkheden om door te rijden, maar toch zat het verkeer vaak vast. Ryan stond bijna de hele tijd met Ellen in contact en dat was heel fijn voor haar. Zij had mij gebeld en gezegd wat er aan de hand was en dat ze geëvacueerd was. Ik had haar gezegd dat ik voor haar zou bidden.

Ik ging naar de logeerkamer, viel op mijn knieën en smeekte God haar te sparen, samen met Knox, de hond en de kat. Ook belde ik mijn kerk in Pismo Beach en vroeg of zij voor Ellen wilden bidden. Toen gaf ik de situatie aan God en werd rustig.

Ryan was naar Chico gereden en wachtte daar met spanning op Ellen. Drie uur en een kwartier nadat Ellen was vertrokken, kwam ze bij Ryan aan. Dat was een enorme opluchting en grote blijdschap elkaar te kunnen omhelzen. Wij werden gebeld met het goede nieuws dat Ellen veilig was aangekomen en of ze 's avonds mochten komen logeren. Ik ging weer terug naar de logeerkamer en op mijn knieën heb ik God gedankt voor de goede afloop.

Op de telvisie konden wij zien dat het hele stadje, op een enkel huis na, in de as was gelegd. Hun huis waar we een paar dagen geleden zo heerlijk met z'n allen hadden gegeten, was ook helemaal verbrand. Jenny vertelde mij dat zij nooit huilt, maar toen ze dit hoorde, is zij bij haar werk naar de WC gegaan en heeft daar flink gehuild.

's Avonds kwamen Ellen en Ryan met Knox, de hond en de kat bij ons aan en dat was een heerlijk moment, hen te omhelzen. Wat is het dan fijn om een baby erbij te hebben. Hij wist van niets en was zo vrolijk; dat hielp ons allemaal. Ryan pakte zijn gitaar en begon te spelen en te zingen. Ongelooflijk hoe sterk die twee waren. Ook de dagen erna, toen goed doordrong wat allemaal verloren was gegaan. Over de brand werd niet meer gesproken en ook niet geklaagd over wat verloren was gegaan. Ik dacht nog vaak aan al die boeken in de boekenkast.

Een vriendin had meteen bij een website (GoFundMe) hen geregistreerd, zodat vrienden en familieleden geld konden doneren. Het was werkelijk overweldigend, hoeveel geld er elke dag binnen kwam.

Ellen en Ryan kregen van hun werk twee weken vrij om bij te komen van het grote verlies en om uit te zoeken waar ze naar toe konden gaan. Bij Ryans school hadden de leerkrachten met elkaar over het verlies van Ryans huis gesproken en dat zij samen nu tijdelijk bij zijn moeder in Rocklin waren ingetrokken. Eén van de leraressen vertelde dat zij een gemeubileerd huis in Rocklin bezat, dat zij aanhield voor haar ouders die twee keer per jaar een tijd naar Amerika kwamen. Zij bood het huis aan tot en met de eerste week van februari. Dat was een wonder, want zij vroeg geen huur, alleen waren de gas, licht en water rekeningen voor hen.

Toen Ryan nog in Paradise woonde en anderhalf uur naar zijn school moest rijden, had hij een caravan op het terrein van de school mogen plaatsen, waar hij, behalve woensdags, sliep. Nu was het weer anderhalf uur vanaf Rocklin, maar nu piekerde hij er niet over om Ellen en Knox 's nachts alleen te laten. Hij zat dus elke dag twee keer anderhalf uur in de auto.

Ik bleef bij Debbie logeren en zo kon ik hun begin naar een andere woning meemaken. De dag na de brand hoorde ik Ryan zeggen:

"Moeder, ik heb geen ondergoed."

Wij zijn toen met z'n allen naar een groot winkelcentrum gegaan en heeft het jonge stel inkopen gedaan, terwijl de Oma's Knox bezig hielden.

Toen Ryan de sleutel van hun nieuwe, tijdelijke huis kreeg, zijn wij gaan kijken en was het precies wat ze nog nodig hadden. Wij hielpen met het schoonmaken en toen met het verhuizen van het weinige wat zij hadden. Zo fijn dat ik erbij was en ook Knox zo'n tijd kon meemaken. Ellen bleef thuis met Knox; heel verstandig na wat zij had meegemaakt.

Na een week zette Debbie mij op de trein naar huis, waar Jackie mij ophaalde en ja, terug in de camper. Op de 19e vierde ik mijn verjaardag niet, maar er gebeurde wel iets bijzonders. Het begon namelijk heel erg hard te regenen. Het kletterde op mijn ijzeren dak, zodat ik steeds wakker werd. Ook bleek mijn dak op twee plaatsen te lekken, en had ik emmers op de grond staan. Ik moet toegeven dat het dan armoedig aanvoelt. Als het zolang niet regent, dan ontdek je zulk soort tegenvallers bij de eerste regen.

De volgende dag vertelde ik Jackie dat het zo hard geregend had, dat ik er slecht van geslapen had. Ik had hier geen bijbedoeling mee, maar wilde het gewoon meedelen. Jackie hoort niet zo goed meer en bovendien is haar kamer op de begane grond en heeft een veranda met dak, waardoor geen regen tegen haar ramen kan tikken. Ze wist dus niet dat het gegoten had.

"Luister, ik heb jou al diverse malen aangeboden de extra slaapkamer met eigen badkamer te gebruiken en steeds zei jij nee. Nu wil ik dat jij binnen komt slapen."

Ik zwichtte en verhuisde naar die kamer en aangezien ik geen baan had, hielp ik Jackie met het reorganiseren van de keuken. Jackie gaf toe dat ze hulp nodig had en dat het veel makkelijker met z'n tweeën zou gaan. Ik was blij dat ik wat terug kon doen.

Zo gebeurde het dat ik niet meer in de camper hoefde te wonen en ook haar adres voor mijn post mocht gebruiken. Dus kon ik mijn postbusje opzeggen.

70

Helpen met gewichtsverlies

Voordat ik begin september naar Nederland vloog, had ik met Jackie over Holland gesproken en haar voorgesteld om in de zomer van 2019 samen naar Nederland te gaan, een auto te huren en haar rond te rijden. Dat vond zij een geweldig plan. Tijdens een bezoek aan Erica Hoebe, de dominee die in 2016 bij mijn kerk in Pismo Beach geweest was, vertelde zij mij enthousiast dat zij met het hele gezin, tijdens de zomervakantie, een maand naar Californië zouden gaan. Na drie dagen drong het tot mij door dat wij misschien op hun huis konden passen, want Jackie en ik samen in één bed in mijn kamer in de steenfabriek was uitgesloten.

Toen ik Niels Hoebe op zondag zag, vroeg ik hem of zij al iemand hadden om op hun huis te passen, want als dat niet zo was, waren Jackie en ik zeer geïnteresseerd erin. Na een week zag ik Niels en hoorde ik dat wij op hun huis konden passen. Ik belde Jackie op en zij kon het haast niet geloven. Wat een wonder! Jackie had er al over ingezeten hoe wij dat zouden doen. Hotels en restaurants; dat zou erg duur worden. Wat een uitkomst!!

Toen ik terug kwam en bij Jackie woonde en kookte, vertelde ik dat de vliegtuigstoelen nogal nauw zijn en dat ik haar graag wilde helpen met gewichtsverlies. Natuurlijk waren de feestdagen een struikelblok, maar vanaf het nieuwe jaar ging het de goede kant op. Het uitzicht op de reis naar Nederland was natuurlijk een grote stimulans.

71

Hutje in het bos

Ryan's school was gelegen buiten een dorp in de Sierra Nevada bergen. Weer via zijn school vonden Ellen en Ryan een hutje gelegen op een heuvel boven zijn school. Het lag afgelegen, maar wel in de mooie natuur. Ze konden precies toen ze uit het huis moesten, naar de hut verhuizen. Nu was Ryan binnen tien minuten bij zijn school en dat scheelde heel wat in tijd en benzine. Vlak voordat zij verhuisden viel er in de bergen een flink pak sneeuw. De hut lag namelijk op 900 meter hoogte. Twee weken later wilde ik met mijn camper hen bezoeken, maar kon daar niet komen, want ik zag er tegenop om sneeuwkettingen om mijn banden te leggen. Debbies huis staat dichtbij de snelweg naar de bergen. Zij bood aan dat ik naar haar huis kon rijden en dan de nacht blijven slapen. Dan zou zij mij naar de voet van de berg brengen, waar Ellen met Knox mij zou ophalen. Reuze aardig van Debbie, die het gezellig vond dat ik kwam logeren en ook weer even Knox zou zien. De hut had een veranda en als je daar opstond, keek je uit naar naaldbomen waar veel sneeuw op lag. Het was net een Kerstkaart; ik waande mij in Zwitserland.

De hut was piepklein, maar Ellen klaagde niet. Het was juist het tegenovergestelde; zij zong de hele dag. Er was een houtkachel die in het woonkamertje stond en die de hut verwarmde, want de vliering op de eerste verdieping was open naar beneden, dat heet hier een loft. Ik sliep op de uitklapbank naast de kachel en was de aangewezen wachter om 's nachts het vuur brandende te houden. Overdag werd het brandhout 20 meter verderop opgehaald en aangezien Ellen en Ryan afdrukken in de sneeuw van een Mountain Lion aangetroffen hadden, ging niemand 's avonds meer naar buiten.

72

Toekomst voor Paradise

De hypotheek op het huis in Paradise was snel door de verzekeringsmaatschappij afbetaald, want er was niets meer van hun huis en inboedel over. Er hoefde dus geen expert aan te pas te komen. Nu waren Ellen en Ryan nog eigenaar van het stuk grond in Paradise, maar dat zag er werkelijk treurig uit. Alle overblijfselen van ijzer, aardewerk en beton moesten eerst weggehaald worden en daarna kon de vervuilde grond aangepakt worden. Er moest ruim vijftien centimeter van de toplaag verwijderd worden. Dat was een enorme operatie, waar honderden vrachtwagens door de hele stad mee bezig waren. Dit werd gedaan in opdracht van FEMA, het landelijke spoed management agentschap. Ook was Paradise de grootste gemeente in Californië zonder riolering. Nu was het dé tijd om dat eindelijk aan te leggen. Het zal wel weer een mooi dorp worden, maar Ellen en Ryan willen niet meer terug.

73

Een nieuw begin in Oregon

Zoals iedereen wel weet heeft Californië een heel aangenaam klimaat, waardoor hier veel mensen willen wonen. Het gevolg is dat de prijzen van de huizen en grond hoger liggen. Ook is de benzine duurder vanwege hogere belasting, wat van invloed is op de prijzen in de winkels.

Ellen en Ryan hadden niet genoeg geld voor de aanbetaling van een huis en vroegen een lening aan bij het Disaster Relief Fund (Nood hulpfonds). Dat kregen zij en ze zijn toen naar een gebied gaan zoeken waar zij wilden wonen. Het werd het zuiden van Oregon, de staat ten noorden van Californië. Daar was het veel minder bevolkt en de prijzen van de huizen waren beduidend lager. Ze waren elke avond op het internet aan het zoeken naar plaatsen en het afwegen van voor- en nadelen.

Ryan is een expert in "white water rafting" (wildwatervaren op een opblaasbaar vlot). Hun oog viel op Grants Pass waar een snel stromende rivier heel prominent door de stad stroomt. Tijdens de voorjaarsvakantie, met de caravan achter de auto, besloten zij dit stadje te bezoeken.

Een makelaar had een twintigtal huizen voor hen uitgezocht en er was er maar één die zij beiden meteen heel geschikt vonden. Ook was er een vacature voor een baan waar Ellen voor gestudeerd had. De volgende ochtend had zij een interview voor de baan en 's middags bekeken zij nog een keer het huis. Ja, het was precies wat zij wilden, boden de vraagprijs en een paar uur later werd hun bod aangenomen.

Ik werd gebeld met het goede nieuws; wat was ik blij voor hen, eindelijk weer een vaste plek. Zij stuurden ook een video die zij ervan gemaakt hadden. Het huis was een standaard drie slaapkamer, twee badkamer huis, alles op de begane grond. De achtertuin was erg breed, maar ook diep. Voor Nederlandse begrippen een enorme lap grond, met bijna alleen maar gras. Daar kunnen ze veel mee doen, zoals het aanleggen van een moestuin en het planten van fruitbomen. Een week later kreeg Ellen te horen dat zij de baan had gekregen. Ze moest wel er nog bij studeren, zodat haar diploma geldig zou worden in Oregon.

Dat is het nadeel van een groot land met zoveel verschillende staten. Ryan's diploma was ook alleen geldig in Californië. Gelukkig konden zij rondkomen van Ellen's salaris, dus zou Ryan thuis blijven bij Knox. Voor mij is het wel een stuk verder, waardoor ik er met de camper twee dagen over doe of twintig uur met een trein en bus. Vliegtickets zijn schrikbarend duur geworden.

74

Nederland laten zien

Ondertussen waren Jackie en ik succesvol met de voorbereidingen voor de reis naar Nederland. Zij was flink afgevallen (40 pond) en daardoor ging het lopen beter. Ook moest zij oefenen met trappen lopen, omdat we dat in Holland zouden meemaken.

Eindelijk was het zover en vlogen wij van Los Angeles naar Schiphol. In de trein naar Wageningen zat Jackie bij het raam en zei opgewonden: “Ik zie voor het eerst Holland!” Nederland is beslist heel anders dan onze omgeving in Californië. Het vlakke land, sloten, groene weilanden met koeien, molens en bij aankomst op het station Ede-Wageningen een enorme zee van fietsen in rekken, waar zij met grote verbaasde ogen naar stond te kijken.

We logeerden in een B&B in Bennekom, haalden de sleutel bij Erica en Niels op en de volgende dag, na een fantastisch uitgebreid ontbijt, stond hun huis voor ons klaar. Zij waren met de kinderen die ochtend naar Schiphol gegaan voor een vakantie van vier weken in Californië en Oregon. Wij hadden een mooi, ruim huis op loopafstand van de binnenstad. Wat was dat een wonder, ik kon er eigenlijk nog niet over uit.

De volgende dag haalden wij de huurauto op en gingen plannen maken. Het werd een lange lijst, die voor Jackie heel interessant zou zijn, maar voor mij natuurlijk ook. Ik huurde nooit een auto in Nederland, maar leende fietsen en nam de bus en de trein. Toen ik van een vriendin hoorde dat je een vouwfiets in de trein, maar ook in de bus mocht meenemen, kocht ik mijn eigen vouwfiets. Via via hoorde ik dat er een “Vrienden op de Fiets” club bestond, en werd meteen lid.

Nu hadden wij een prachtige thuishaven en maakten dagtochten. De eerste rit was naar Ermelo, waar ik altijd door Gelin geknipt wordt. Daarna op bezoek bij Gerda en Ruud en als cadeau brachten wij vier maaltijden van hun favoriete Chinees restaurant mee. Als toerist kom je zelden bij mensen thuis, dus was dit voor Jackie uniek. Ze nam alles goed in zich op, was ook geïnteresseerd in de eerste etage, maar kon zichzelf er niet toe brengen de stijle trap te beklimmen. Het was een reuze gezellig diner en aan het eind kregen wij wat over was mee naar huis. Jackie was het ermee eens; je krijgt veel meer in Nederland dan bij de Chinees in Californië.

Als je vijf weken hebt om door Nederland te rijden, dan zie je heel veel. Het waren zeer afwisselende ervaringen: we gingen varen met een fluisterbootje door Giethoorn, liepen door Madurodam, bezochten de curiosa markt in Gouda, gingen in klederdracht op de foto in Volendam en bezochten de binnenstad van Leiden. Maar wat voor mij weer heel leuk was; wij bezochten mijn lagere school in Voorburg en liepen rond op het schoolplein. Wat was dat mooi geworden vergeleken met wat wij hadden: een leeg schoolplein. Toch vermaakten wij ons met meegebrachte attributen, zoals springtouwen, tollen, knikkers en tennisballen.

Daarna reden wij naar Park Leeuwenberg, waar ik vanaf mijn vierde tot mijn negentiende jaar woonde, waarna ik in Leiden op kamers ging. Bij Lindelaan 29 belde ik aan. Nadat de aardige bewoner de deur opende, stelde ik mij met mijn meisjesnaam voor en vroeg of hij het huis van mijn vader gekocht had. Na een bevestigend antwoord, vroeg ik of hij veel verbouwd had. Aan de voorkant was alles nog zoals vroeger, maar nadat wij door hem waren uitgenodigd en door de voordeur liepen, zag ik meteen alle veranderingen. De trap was nog hetzelfde, stijl en ronddraaiend. Ik wees Jackie erop en legde uit dat ik in een bruidsjurk daar naar beneden had gelopen. Dat was voor haar moeilijk voor te stellen. De eigenaar vond het heel leuk dat ik zo enthousiast was, maar het was ook heel mooi gedaan. Na hem bedankt te hebben, vertelde hij dat het huis net verkocht was en dat zij in een bungalow aan de Vliet gingen wonen. Na een zeer geslaagde dag, keken wij op Funda naar de foto's van het hele huis, dus dat was voor mij echt heel leuk. Je oude slaapkamer op je laptop te zien, fantastisch!

De rondvaartboten in Delft, Utrecht en Amsterdam waren hoogtepunten. Ik moet zeggen dat het weer meewerkte, want wij hebben heel weinig regen gehad. Zelfs een ander uiterste, de warmste dag ooit, in Wageningen tegen de 40 graden. 's Avonds een fruitsalade gegeten en ons heel rustig gehouden.

Als je in Amerika gewend bent je patat friet alleen met ketchup te eten, dan is een bezoek aan een Nederlandse snackbar iets heel bijzonders. Er stonden zoveel sausjes op het menu, dat het voor Jackie moeilijk werd een keuze te maken. Mijn favoriet is altijd satésaus en dat moest geprobeerd worden. Ik weet niet of Jackie te beleefd wilde zijn of dat ze het echt lekker vond, maar in ieder geval heeft ze het gegeten. Dat kon niet van de haring gezegd worden. Ik kocht die op de markt en omdat het rauwe vis is, wilde ze er absoluut niets van proeven. Maar van een lekkerbek… daar kon ze wel heerlijk van smullen.

De vijf weken waren voorbij en zoals Jackie het zei was het 'the trip of a lifetime'. We reden naar Hoofddorp, parkeerden daar de auto en namen de trein naar Schiphol. We hadden een rolstoel gereserveerd, zodat ik zeker wist dat Jackie bij de juiste 'gate' zou komen. Zij heeft namelijk een verminderd gezichtsvermogen. Toen wij bij de rolstoelbalie aankwamen, namen wij afscheid. Ik was heel erg opgelucht dat alles goed gegaan was.

Terug in de auto heb ik hardop gebeden en God gedankt voor zo'n mooie vakantie voor Jackie. De verantwoordelijkheid die ik gevoeld had, gleed van mijn schouders af. Op de volgende drie dagen stond in mijn agenda genoteerd: 'uitgeslapen en heel lui geweest'. Het waren drukke weken geweest, want het is, als je het niet gewend bent, niet makkelijk om in Nederland te rijden. Er zijn zoveel fietsers en rotondes, waar de verkeersregels niet overal hetzelfde zijn. Ik moest constant op de haaientanden letten.

75

Het klooster

Toen Jackie vertrokken was, wilde ik mijn aandacht geven aan het afmaken van dit boek. Al jaren had ik het verlangen een paar dagen mij terug te trekken in een klooster en vond er één buiten Oosterbeek. Op de website stond vermeld dat het ontbijt en de avondboterham in stilte genuttigd werden. Ik kende toch niemand, dus was dit geen probleem. De kamer had geen WiFi en dat leek mij juist fijn: geen afleiding. Verder een eenpersoonsbed, schrijftafel en eigen badkamer en toilet. Het was heerlijk om geconcentreerd te werken en bij het horen van een bel naar de eetzaal te gaan en van een maaltijd te genieten waar je zelf niet voor had hoeven koken. Na het eten werd van ons verwacht alles af te ruimen, met de hand af te wassen, af te drogen en weer in de kast terug te zetten.

Ik had dit niet verwacht, maar ik vond het vreselijk om met z'n vieren aan een tafel te eten en niet te mogen praten. Natuurlijk liet ik mijn vork gedurende die stilte op mijn bord vallen en wist niet waar ik kijken moest. Ik begreep de bedoeling niet. Wel las ik dat de nonnen dit ook doen, maar wij zagen hen niet. Zij hadden hun eigen afdeling en konden ons niet horen.

Ik probeer als Christen Jezus te volgen en te leven naar Zijn voorbeeld. Gedurende drie jaar zwierf Jezus, met Zijn discipelen, door het land Israël. Hij had veel volgelingen en sprak grote groepen toe. Zo nu en dan trok Hij zich terug om weer kracht op te doen, maar dan sloot Hij zich weer aan bij Zijn twaalf discipelen.

Toch was het verblijf in het klooster een ervaring die ik niet had willen missen.

76

Werk op het juiste moment

Op 15 november 2019 was ik al twee weken terug in Arroyo Grande, toen ik nog geen werk had gevonden. Het werd hoog tijd weer wat te verdienen. Die ochtend bad ik heel ernstig en dringend om werk.

Een paar uur nadat ik gebeden had, belde iemand mij op die mij nog nooit gebeld had. Ze kende mij van de kerk en wist dat ik een bejaardenhulp was. Ze was niet zeker of ik werk zocht of dat ik al volgeboekt was. Ja, ik zocht heel zeker werk. En zo kwam het dat ik via haar, belde met een vrouw van rond de zestig. Zij zocht voor haar tante van 93 jaar een bejaardenhulp. Ik ontmoette mijn toekomstige cliënt en werd aangenomen. Aangezien ze niemand anders kon vinden, werkte ik zeven dagen per week, zeven uur per dag. Ik had nog een ochtend om Jackie te helpen, want ik werkte van 12 uur tot 19 uur. Ik had dus ook nog een avond over. Het was werkelijk een perfecte job, ten eerste was het een heel aardige vrouw en ten tweede hoefde ik niet te tillen. Zij was zo dankbaar dat zij mij, via haar vriendin, gevonden had en ik was weer heel dankbaar dat haar vriendin aan mij gedacht had.

Deze baan zou niet van lange duur zijn, omdat mijn cliënt uitgezaaide kanker had. Hoewel er geen Hospice kliniek in de wijde omtrek te vinden was, bestond de mogelijkheid om de aangeboden diensten van het Hospice thuis te ontvangen. Amerikanen hebben er een heleboel voor over om thuis te overlijden. Ze hebben een groot deel van hun leven voor hun oude dag gespaard en willen het graag daarvoor gebruiken. Het Hospice wordt door de verzekeringsmaatschappij betaald en dat is voor de dokter die één keer thuis komt, de verpleegkundige die twee keer per week komt, de hulp voor een wasbeurt, ook twee keer per week en een maatschappelijk werker die eens in de twee weken komt en contact met de familie onderhoud. Het enige dat niet betaald wordt is de bejaardenhulp. Dat is voor rekening van de cliënt. Vaak is het de familie die meehelpt, maar deze vrouw had geen kinderen en alleen twee nichten, die alles zouden erven. Eén die heel ver weg woonde en één dichtbij, maar die zich niet geschikt vond voor de zorg. Ik moet zeggen dat ik dat begreep, want het gaat in zo'n situatie trapsgewijs naar beneden. Eerst komt er een ziekenhuisbed en daarna blijft de cliënt permanent in bed liggen. Daar moet je wel ervaring mee hebben. Ik was heel blij met deze intensieve baan.

Van zeven uur per dag werd dat zeventien uur, de nacht inbegrepen en toen naar vierentwintig uur, zeven dagen per week. Met een babyfoon en een bel waarmee zij mij waarschuwde, kon ik toch nog wat slapen.

Vanaf de dag dat ik begon, was deze vrouw heel realistisch over haar situatie. Ze zei:

"Als je hier iets ziet wat je kan gebruiken, moet je het meenemen." Dat vond ik moeilijk, maar ze drong aan, want zij wist dat haar nicht-en bijna niets wilden. Een treffend voorbeeld: ik heb al sinds ik mij kan heugen een slechte rug. De laatste tijd ging ik meer naar voren leunen en dit viel een oud-klasgenoot tijdens onze laatste reünie op. Ik wist het wel, maar ik had moeite om echt rechtop te staan. Ik maakte mij er een beetje zorgen over. Ik moest er iets aan doen, maar wist niet wat. Ik had gebeden voor een oplossing, omdat ik het zelf niet wist. Mijn dokter had Yoga voorgesteld, maar daar had ik nog geen tijd voor gehad.

Op een middag vroeg mijn cliënt om alvast wat laden op te ruimen. Terwijl ik zittend op een krukje er doorheen ging, vond ik een brede rugband waar magneten in zaten. Ik liet het haar zien, maar zij wist niet meer waarom zij dat indertijd gekocht had. Ik legde uit dat die magneten misschien bij rugklachten konden helpen: 'neem mee, het is voor jou'.

Vanaf dat moment deed ik die rugband elke dag om en na een paar dagen stond ik ineens weer rechtop. Ik vond dit een antwoord op mijn gebed, een wonder. Zoiets kun je niet verzinnen.

Mijn cliënt geloofde in God en wist dat ze naar de hemel zou gaan. Toen ik zag dat haar laatste dag was aangebroken, vertelde ik haar dat ze heel gauw naar de hemel zou gaan en dat ik haar eigenlijk benijdde.

"Ik zou ook graag naar de hemel gaan."

"Ik zou jou graag met mij mee willen nemen."

Dat was een heel mooi moment. Daarna zakte ze weg en zat ik naast haar totdat zij een aantal uren daarna overleed. Haar nicht had aangegeven niet bij het einde te willen zijn.

Het was al later op de avond en ik moest nog wachten op de Hospice verpleegkundige. Nadat zij officieel verklaard had dat de patiënt overleden was, wachtte ik op de begrafenisondernemer. Het werd die nacht laat; het was beter dat ik bleef slapen. Ik was zo blij dat ik het vol had gehouden en dat ik een verschil had gemaakt. Het waren twee intensieve maanden geweest en ik had genoeg verdiend om even thuis te zijn.

77

Het kraaiennest

De volgende ochtend kwam ik terug bij Jackie, die een vriendin te logeren had en die mijn slaapkamer gebruikte. Dat wist ik, maar aangezien ik toch een vierentwintiguursdienst had, was dat geen probleem. Nu dus wel, hoewel ik natuurlijk weer in mijn camper kon slapen.

Jackie had nog een extra slaapkamer die ik kende, want jaren geleden hielp ik haar daar met opruimen. Het is de enige slaapkamer op de eerste verdieping en wordt "het kraaiennest" genoemd, omdat de kamer aan vier kanten grote ramen heeft, geen luxaflex of gordijnen. De ruime trap komt in de kamer uit; er is dus geen deur. Er staat een groot tweepersoonsbed en wat meubilair dat daar is opgeslagen. De kamer word nooit gebruikt, wat vreemd is, want ik vind het de mooiste kamer van het huis.

Ik vroeg Jackie of ik zolang boven mocht slapen. Dat mocht, en snel bracht ik mijn beddengoed naar boven, legde het op het opgemaakte bed en ging een dutje doen, waar ik naar snakte; ik had de afgelopen nachten te weinig geslapen. Toen ik wakker werd en rechtop ging zitten, was ik heel blij met het prachtige uitzicht. Naar het zuiden over het stadje heen, keek je naar de oceaan en naar het westen de heuvels die nog groen waren, maar later goudgeel zouden worden. Vandaar de bijnaam voor Californië, de Gouden Staat. Ik kon er niet over uit, want het was zo'n ruime (8 bij 4 meter), zonnige kamer. Daar wilde ik graag permanent slapen.

De kamer die ik beneden had was op het noorden en was altijd koud, want de kachel gaat bijna nooit aan vanwege de kosten. Het huis is gewoon te groot om warm te stoken.

Het kraaiennest wordt heerlijk door de zon verwarmd en het is dus behaaglijk om daar te zijn. Wat ik niet meteen opmerkte en wat heel belangrijk bleek: er stond een hoekbureau van glas en staal, zodat je uitkijkt op de oceaan of uitzicht hebt op de heuvels. Toen ik mij realiseerde dat deze kamer dé uitgelezen plek was om de rest van dit boek te schrijven, werd ik emotioneel. Want als mijn cliënt een paar dagen later was overleden, had ik nog steeds de koude slaapkamer beneden gehad, want ik had nooit om deze mooie kamer durven vragen; dat was niet bij mij opgekomen. Dan had ik daar, zonder bureau, of aan de eetkamertafel moeten schrijven.

Op 18 januari 2020 was het eenentwintig jaar geleden dat ik dakloos werd met een kleine personenauto, waar ik overigens nooit in heb hoeven slapen. Ik liet alle situaties de revue passeren: van personenauto naar kleine camper met zo nu en dan aansluiting op het lichtnet en stroom voor de kachel als het 's avonds koud was. Later kwam daar zo nu en dan WiFi voor internetverbinding bij. Na zes jaar verhuisde ik naar een veel grotere camper met een douche erin. Na veertien jaar naar een kamer met eigen badkamer in een groot huis. En nu de situatie die alle andere situaties oversteeg: de mooiste kamer met prachtig uitzicht, waar ik heerlijk aan de rest van dit boek kon werken. Ik stond hier echt bij stil en telde mijn zegeningen.

Maar mijn grootste wens is te verhuizen naar een eigen plek. Wat zou het fantastisch zijn om eindelijk alles uit de berging te halen en mijn huis in te richten, met spullen die ik waarschijnlijk ben vergeten.

Vanaf november 1984 wist ik zonder twijfel dat God mij ziet én kent en ben ik steeds meer op Hem gaan vertrouwen. Dat vertrouwen werd beloond en werd daardoor steeds sterker. Vanaf het eerste antwoord op mijn gebed; de vijftig dollar in een envelop, tot aan de plek waar ik nu zit en schrijf, heeft God mij geleid. Dat is ontzaglijk mooi en rustgevend.

78

Niet meer kunnen wachten

In juni 2019, voordat Jackie en ik naar Nederland gingen, stopte ik op een middag bij mijn toekomstige appartementencomplex voor senioren. Ik wilde graag van de manager weten hoe hoog ik op de wachtlijst stond. Het zag er heel hoopvol uit, want ik stond al op de achtste plaats. Ze vroeg zelfs hoe snel ik kon verhuizen, mocht er een appartement vrij komen. Zij maakte een aantekening bij mijn naam, zodat zij wist dat ik in oktober weer terug in de VS zou zijn. Heel opgelucht en blij liep ik terug naar mijn kamper. Het zou dus niet zo lang meer duren, totdat ik een eigen plek had.

Een jaar later in juni 2020 bezocht ik weer de manager, want ik zou nu toch echt bijna bovenaan staan, hoopte ik. Vanwege de Covid-19 crisis moest ik in de gang blijven staan en door de open deur met haar spreken. Ik had een mondkapje op en moest harder praten. Terwijl zij mijn naam op de computer opzocht, liep er een kennis van mijn vorige kerk door de gang. Zij had ook een kapje op, maar we herkenden elkaar wel. Ze vertelde dat zij voor een vriendin in het complex 24 uur per dag zorgde. Ik liet haar weten dat ik ook een bejaardenverzorgster was.

Ze zei, "Dan heb ik je nodig, ga niet weg, ik ben bij de postbusjes." De manager had mij op de lijst gevonden en moest helaas zeggen dat ik nog steeds op de achtste plaats stond. Ik stamelde, "Hoe kan dat?" Ze vertelde dat de senioren die er al wonen, nu voorgaan als zij naar een ander appartement binnen het gebouw willen verhuizen.

"Laten wij eens kijken hoe lang de persoon op de eerste plaats op de lijst staat..... zeven jaar!"

"Zeven jaar? Nog vier jaar? Zo lang kan ik niet meer wachten!!" kwam heel gedecideerd uit mijn mond.

Ik nam afscheid en zocht de kennis. Met z'n tweeën gingen wij naar de oude vriendin, die in een ziekenhuisbed lag. Ik maakte kennis en gaf mijn telefoonnummer met de mededeling dat ik alleen 's nacht kon werken. De kennis zou mij bellen.

Daarna reed ik naar een parkeerterrein waar ik afgesproken had met mijn klant voor de supplementen. Ik gaf haar de zak met potjes en zij mij een envelop met geld. Daarna vroeg ze hoe mijn reis naar Ellen geweest was en dat ik zeker erg genoten had van Knox en baby Boone, die op 30 april geboren was.

"O ja, ik heb erg van hen genoten, en ik mis ze."

"Heb jij erover gedacht om bij hen in de buurt te gaan wonen?" Het was net of een kracht mijn borst binnenkwam. Ik stond perplex, want daar had ik helemaal niet aan gedacht.

Meteen toen ik thuis kwam zocht ik naar appartementen in Grants Pass, Oregon. Dit waren appartementen zonder huursubsidie en dus geen wachtlijst. De huren waren beduidend lager voor een één slaapkamer appartement. Toen keek ik naar twee slaapkamers en daarna ging mijn verlangen uit naar een huisje met een achtertuintje en een garage. Ik werd er heel blij door, maar diep in mijn hart wist ik dat ik het financieel niet kon redden.

Eén ding was zeker, ik wilde niet meer op dat appartement wachten. Een paar dagen later werkte ik gedurende de nacht in dat appartementencomplex. Ik was, door degene die ik afloste, gewaarschuwd dat 's ochtends om 5 uur grote trucks aan de overkant parkeerden om de supermarkt te bevoorraden en zelf constateerde ik dat, na sluitingstijd van de supermarkt (22:00 uur), een stofzuiger op het parkeerterrein rondreed en een bladblazer de bladeren op een hoop blies. Samen werd dat een enorm lawaai. Oh, wat was ik blij en opgelucht dat ik daar niet meer zou gaan wonen.

79

Grote opruiming

Als je ergens veertig jaar woont en moeite hebt om spullen weg te doen, dan kun je je voorstellen dat er een overdaad gecreëerd wordt. Dat was de situatie bij Jackie. Daarbij kwam nog dat Jackie enig kind was en alles van haar moeder erfde, die hetzelfde probleem had.

Na mijn laatste baan ben ik heel intensief haar gaan helpen. Toen het lente werd, moest er ook weer water gegeven worden. Het is fijn om meer dan een hectare land om je huis te hebben, maar het brengt ook veel werk met zich mee. Er was hier dus altijd genoeg te doen. Wij werkten samen aan het bij elkaar halen van spullen die verkocht konden worden. De verkoping was op zaterdag 8 augustus gepland. Het werd allemaal buiten verkocht, dus kon het gelukkig doorgaan (Covid-19). Tijdens deze tijd liet ik Ellen weten dat ik weg wilde. Weg van alle overdaad. Ik kon er niet meer tegen.

Op 10 juli belde ik Ellen op om te vertellen dat ik niet meer kon wachten op een appartement waar ik op de wachtlijst stond. Appartementen op de vrije markt in mijn omgeving zijn veel te duur. Ik vertelde haar dat ik naar woonruimte in haar omgeving gekeken had. De huren waren beduidend lager, maar toch nog te hoog voor mij. Tijdens ons gesprek versprak ik mij, want inplaats van "Grants Pass", zei ik, "Paradise". Meteen vroeg Ellen:

"Mam, waarom ga je niet in Paradise wonen?"

"Nee, daar wil ik niet wonen."

"Waarom niet, ben je bang voor weer een brand? Alles is al verbrand."

"Ik ken er niemand. Ik weet alleen dat jullie daar nog een perceel hebben."

"Mam, mam, ik weet het!! Ryan en ik kunnen daar een prefab huis op zetten en dan huur je het van ons. Je betaalt gewoon wat jij aan huur kunt betalen."

Daar moest ik even bij gaan zitten. Een vrijstaand huis met grond erom heen?

80

De verhuizing

Een paar dagen na ons gesprek stapten Ellen en Ryan met Knox en Boone in de auto voor een vakantie. Ze trokken hun caravan en gingen diverse vrienden opzoeken. Omdat zij in de buurt van Paradise waren, wilden ze daar nu graag een kijkje nemen. De laatste keer was vlak na de brand en zag het hele stadje er vreselijk uit. Ze konden toen met moeite hun eigen adres vinden, omdat alle huizen weg waren. Het was één grote grijze ravage. Nu was de grond helemaal schoon gemaakt en groeide er alweer onkruid. Zodra zij de auto op hun grond geparkeerd hadden, belde Ellen mij enthousiast op. De buurman had al een prefab huis laten zetten en het weerzien was goed. De andere buren in het straatje waren nog niet teruggekeerd, of zouden misschien nooit meer terugkomen.

Op de terugweg naar huis stopten zij in Chico, een kleine universiteitsstad vlakbij Paradise, waar de brand net niet kwam. Zij bezochten de showroom van het bedrijf dat prefab huizen bouwt. De vraag was enorm en daardoor zou de wachttijd een jaar zijn. Maar ze waren erg enthousiast over hoe mooi deze huizen tegenwoordig gemaakt worden. Ellen stuurde mij een aantal foto's die zo mooi waren, dat ik moeite had mij voor te stellen dat dit mijn toekomstige huis zou worden. Het enige nadeel was dat de prijs fors gestegen was. Verder wist ik nog niets en beloofde mijzelf dat ik heel geduldig zou wachten totdat zij mij meer zouden vertellen.

Op 25 juli, laat in de middag zag ik dat Ellen mij belde via FaceTime. Ik verwachtte dat Knox op het scherm zou verschijnen, maar toen ik opnam zaten Ellen en Ryan pal naast elkaar op de bank en wist ik dat dit een serieus gesprek zou worden, achteraf wel heel anders dan ik het mij voorgesteld had. De situatie was zo: Ryan was maanden geleden aangesteld als wiskunde leraar op een openbare school vlak bij hun huis. Deze school heeft een eigen gebouw en is voor leerlingen die van de basisschool komen en daar twee jaar opzitten, twee brugklassen dus. Daarna gaan ze naar de middelbare school die dan maar vier jaar duurt.

Voor Nederlandse begrippen is het niet voor te stellen dat het salaris van een leraar afhankelijk is van steun van het bedrijfsleven. Maar zo is het hier wel.

Ellen, die haar masterdiploma heeft in huwelijk en familie counseling en bevoegd is een eigen praktijk in Oregon te openen, zou heel geleidelijk aan parttime deze praktijk beginnen. De openbare middelschool zou dus financieel gesteund worden door een paar grote bedrijven, maar door de Corona crisis ging dit niet door en moest de school Ryan al laten gaan, nog voordat hij kon beginnen. Hierdoor moest Ellen, nadat haar zwangerschapsverlof beëindigd zou zijn, fulltime terug naar haar vaste baan en zou Ryan voor de twee kinderen gaan zorgen. Maar Ryan wilde een online cursus voor makelaar volgen. En toen kwam de grote vraag....... Of ik op 19 augustus, dus over drie en een halve week bij hen voor de kleinkinderen kon zorgen. Ik wilde meteen al ja zeggen, maar Ellen stelde voor om er eerst over na te denken. Dat heb ik gedaan en na een kort moment belde ik terug en vertelde dat ik het heel graag wilde doen. Ik voelde mij vereerd dat ik het mocht doen. Wel zei ik dat ik graag in mijn camper wilde slapen en ook mijn salade, die ik elke avond klaar maakte, in mijn eigen huisje wilde eten. Zo zou het gezin meer privacy hebben en kon Ryan koken wat zij lekker vonden (ik probeer geen vlees meer te eten).

Dit was wel heftig. Duizend kilometer naar het noorden verhuizen in een camper die al 28 jaar oud is en die meer dan 360.000 km erop heeft zitten. Een ouwe dibbes dus. Heel veel mensen zouden dat te riskant gevonden hebben, maar ik had geen keus, dus ga ik toch en vertrouw op God. In mijn achterhoofd wilde ik later een auto kopen, zodat mijn camper in Grants Pass, Oregon, kon blijven staan en waar ik met een autootje in de buurt, maar ook heen en weer naar Californië, zou kunnen rijden.

Vlak voordat ik de grote rit zou maken, werkte ik bij een vrouw die weinig hulp nodig had, maar niet alleen gelaten kon worden. Ze woonde bij haar zoon en schoondochter en die wilden er vier dagen en drie nachten tussen uit. Dit was dus een makkelijke baan met heel veel uren. Heerlijk om op het nippertje nog veel te verdienen. Na de laatste avond reed ik naar mijn beste vrienden, parkeerde op hun tweede oprit (wat ik al heel vaak gedan had), sliep heerlijk en was uitgenodigd om de volgende ochtend bij hen te ontbijten. Dit was nog nooit gebeurd en heel speciaal. Hij zou koken en daarna ons alleen laten, zodat we lekker konden kletsen. Na een heerlijk ontbijt liepen we naar zijn schuur, en wilde ik weten waarom zijn auto niet in de garage stond, maar op de tweede oprit.

"Wij hebben gisteren een andere tweedehands auto gekocht. We willen niet meer vliegen en gaan lange ritten maken. Met deze Subaru Forester is niets mis. Hij rijdt heel fijn, alles werkt perfect, maar hij is al 18 jaar oud en heeft 267.200 km erop zitten."

Daarna had hij nog meer lovende woorden over voor deze goed uitziende auto, niet wetende dat ik erin geïnteresseerd was. Toen hij klaar was, vroeg ik voor hoeveel de auto te koop stond. Toen ik het bedrag hoorde, liet ik weten dat ik de auto wilde kopen. Meteen haalde hij de sleutels en liet mij achter het stuur zitten en de motor starten. Dat was alles, want ik had de auto geblokkeerd met mijn camper.

Mijn vriendin en ik gingen een wandeling maken en onder het lopen moest ik steeds denken, 'ik heb een auto gekocht'. Normaal koop ik nooit een tweedehands auto zonder deze te laten testen door een garage, maar deze vrienden ken ik al 27 jaar en weet dat hij heel precies is met het onderhoud van zijn auto's.

Bij terugkomst moest ik de camper klaar maken voor vertrek en toen ik eruit stapte, liet mijn vriendin weten dat ze samen een vergaderingetje gehad hadden en dat ik de auto voor een vriendenprijsje kreeg. Het was zo'n laag bedrag dat ik meteen moest huilen. Ik zag hier zo duidelijk God's hand in; het was zeer indrukwekkend.

Nadat Jackie mij geholpen had met het ophalen van de Subaru en hij veilig bij haar huis geparkeerd stond, concentreerde ik mij op het leeghalen van de twee kamers die ik gebruikt had en wat niet in de camper kon, in haar schuur te laten. Ik had 20 maanden bij Jackie gewoond en haar met heel veel klussen geholpen. Nu stond zij er weer alleen voor, maar was heel blij voor mij. Ik ook, want ik had een verschil gemaakt en was daar tevreden over.

Eindelijk was het zover en reed ik met een volle camper naar het noorden, naar de volgende staat Oregon. Het plan was dat ik nog twee keer terug zou komen, allebei de keren met een huurauto. Eén keer om de Subaru op te halen en één keer om alle spullen uit mijn berging te halen en naar een berging in Grants Pass te verhuizen met een U-Haul verhuiswagen, waar je zelf in rijdt.

Eerst stopte ik bij mijn jongste zoon Michael in San Luis Obispo om afscheid te nemen. We zien elkaar weinig, maar het voelt toch anders als je zo ver weg gaat wonen. Toen naar vrienden in Salinas, waar ik bijna bij hun huis een klapband kreeg. Heel rustig reed ik door en parkeerde bij hen. De Amerikaanse ANWB die AAA heet, kon de reserve band erom heen doen terwijl ik bij mijn vrienden zat. Gelukkig, want tijdens de hele rit was het heel heet, rond de 35 graden. In de cabine had ik airco, maar in het huisgedeelte niet, waardoor het daar over de 40 graden werd. Ik moest er niet aan denken dat ik daar langs de kant van de snelweg de klapband gekregen had. Nu kocht ik de volgende ochtend een nieuwe band bij de bandenspecialist van mijn vrienden en had ik weer een reserve band.

De volgende stop was bij mijn oudste zoon David die ten noorden van San Francisco in San Rafael woont. Bij hen was het ook ongewoon heet en helaas had het huis geen airco. Het valt niet mee om te slapen in die hitte. Omdat het regende werd het heel vochtig, en er was onweer met bliksem en donder. Dat was gevaarlijk, want er konden daardoor nieuwe branden ontstaan. Later hoorde ik dat ik net op tijd Californië had verlaten, want door de bliksem waren er inderdaad veel nieuwe branden ontstaan.

Toen naar Ellen, waar ik 's avonds aankwam. Knox sliep al en Ellen verwelkomde mij met Boone (drie en een halve maand oud) op haar arm. Wat fijn dat ik ze weer zag. Ik was enorm opgelucht dat ik het gehaald had. Nog even achteruit de voortuin in en het snoer in het buitenstopcontact en ik was verhuisd.

81

Mijn nieuwe, onverwachte, mooie fulltime bezigheid

Ellen wilde graag dat ik vijf dagen alles samen met haar zou doen, zodat ik de routine kende en ook Knox kon leren verstaan. Hij gebruikte al veel woorden, maar sommige klanken sprak hij anders uit en daar moest ik aan wennen. Het is frustrerend voor een kind van twee niet begrepen te worden, terwijl hij zo zijn best deed het goed uit te spreken.

Op maandagochtend, 24 augustus, ging Ellen terug naar haar fulltime baan, waar nog niet veel te doen was. Voordat zij met zwangerschapsverlof ging, had Ellen al haar cliënten (het waren er zestig) overgedragen aan andere counselors. Nu moest zij het weer opbouwen, maar dat kwam goed uit, want Boone kon nog niet aan een flesje wennen, dus kwam Ellen vlug naar huis als hij honger had. Daarna weer terug tot de volgende voeding. Ondertussen was ik bezig uit te vinden hoe ik hem het beste aan de fles kon wennen. Op hetzelfde moment was Knox bezig zindelijk te worden. Er brak een hectische tijd aan waar ik met volle teugen van genoot. Er waren zoveel hoogtepunten, zoals het succes op het potje, het omkieperen door Knox in de WC pot, het zelf doortrekken en na zwaaien met de woorden “bye bye poo poo.” ’s Ochtends als ik uit de camper stapte en door hun voordeur binnenkwam en de uitroep hoorde, “Oma! Oatmeal!” dan smolt mijn hart. Knox vond mijn havermout met amandelpasta erg lekker, dus aten wij die gezellig samen. Ik ben zo dankbaar dat ik bij Ellen en Ryan een verschil kan maken, door het huishouden draaiende te houden. Het verschonen van Boone leek heel gewoon, maar het was echt speciaal; ik genoot er zo van. Na vijfentwintig jaar in de ouderenzorg gewerkt te hebben, waar het ook meestal draaide om toilet en Tena, was het een genot om zo’n klein luiertje om te doen, terwijl ik met hem keuvelde en hij het uitkraaide van plezier.

Ook hebben Ellen en ik al twee keer getennist, terwijl Knox onze ballenjongen was en Boone toeschouwer in zijn wipstoeltje. De laatste keer deed Ryan ook mee. Op de terugweg stopten we bij een sportzaak en kreeg Knox een kinderracket, want hij wil ook tegen een bal slaan.

Je kan niet vroeg genoeg beginnen; ja toch?

Tijdens mijn eerste drie weken in Grants Pass moest ik wennen aan de hitte, want de temperatuur was tussen de 35 en 40 graden. De hele zomer was droog geweest en nu werd er gewaarschuwd voor een heel ongewone windstorm, die maar vier keer in de honderd jaar voorkomt. Vanuit het niets stak een enorme storm op die maar een paar minuten duurde en dan plotseling ging liggen. Dan na tien minuten kwam er weer zo'n windstoot met zoveel kracht, dat het angstaanjagend was. Het begon 's nachts en hield mij wakker. De volgende ochtend hoorde ik dat de vele branden in Californië, maar ook in Oregon en de staat Washington door deze storm aangewakkerd waren. We konden de rook ruiken en ook zien. 's Middags kon Ryan het niet meer aanzien en besloot de caravan klaar te maken voor evacuatie. Het is gelukkig niet zover gekomen dat er een verplichte evacuatie afgekondigd werd voor Grants Pass, maar we konden niet naar buiten vanwege de rook, die zorgde voor gevaarlijke luchtkwaliteit.

Ook hoorden wij op het nieuws dat het stadje Paradise, waar Ellen en Ryan gewoond hadden en nog een perceel hebben, weer getroffen werd met de dreiging van een naderende brand en met verplichte evacuatie. Toen ik dit hoorde, besloot ik dat ik niet naar Paradise wil verhuizen.

Zoals het er nu uitziet zal ik hier voorlopig voor de kinderen zorgen. Waar ik dan naar toe ga? Ik heb geen idee, maar wat ik wel weet is dat ik mij totaal geen zorgen maak. Ik weet dat God een plan voor mij heeft en daar vertrouw ik op.

Een groot deel van mijn leven heb ik de laatste jaren de revue laten passeren. Als ik terug kijk naar de grote momenten in mijn leven, vind ik het heel verdrietig dat ik die beslissingen allemaal zonder de hulp van God heb genomen. De keuzes over welk beroep, welke werkkring, welke partner, het emigreren, het krijgen van kinderen, het verhuizen van de ene kant van het land naar de andere en de scheiding waren allemaal genomen zonder Gods leiding.

Mijn grote wens is dat door mijn levensverhaal duidelijk geworden is, dat een leven met God te verkiezen is boven een leven waar je alleen voor staat. Het mooie is dat dit voor iedereen toegankelijk is. Je moet wel zelf de eerste stap zetten. Als je hulp van God wil ontvangen, kun je beginnen met Hem te vragen jou te helpen, te vragen om leiding. Dat zal het begin zijn van een leven met God.

Graag wil ik nogmaals Filippenzen 4:6 en 7 aanhalen, want dat is een belofte die toegankelijk is voor iedereen die in Jezus gelooft en Hem wil volgen.

> 'Wees over niets bezorgd, maar vraag God wat U nodig hebt en dank hem in al uw gebeden. Dan zal de vrede van God, die alle verstand te boven gaat, uw hart en gedachten in Christus Jezus bewaren.'

Mijn hoop is dat mijn verhaal een bemoediging en inspiratie voor jou is geweest. Mocht je willen reageren dan kan dat via mijn e-mail adres: Godkanhetmogelijkmaken@gmail.com

> 'Zonder geloof is het onmogelijk God vreugde te geven; wie hem wil naderen moet immers geloven dat hij bestaat, en wie hem zoekt zal door hem worden beloond.'
> Hebreeën 11 vers 6